Irmela Erckenbrecht

Querbeet

Irmela Erckenbrecht

Querbeet

Vegetarisch kochen rund ums Gartenjahr

pala verlag

Für meine Großmutter, Else Marie Ledoux, und meine Mutter, Marieluise Erckenbrecht-Ledoux, die ihre Liebe zum Gärtnern und Kochen an mich weitergegeben haben.

© pala-verlag, Darmstadt, 1996
Deutsche Erstausgabe
ISBN: 3-89566-114-7
Lektorat: Ute Galter
Titelzeichnung und Illustrationen: Thomas Müller

Druck: Fuldaer Verlagsanstalt
Printed in Germany

Dieses Buch (Innenteil und Umschlag) ist auf
Papier aus 100 % Recyclingmaterial gedruckt

Inhalt

Herzliche Einladung

Das riesige Angebot heutiger Supermärkte soll uns verwöhnen: Das ganze Jahr über können wir aus einem gleichbleibenden Repertoire an Früchten und Gemüsesorten wählen, können im November Erdbeeren, im Januar Tomaten und im Mai noch frische Äpfel kaufen. Daß diese Früchte und Gemüsesorten eigentlich jeweils nur eine begrenzte Saison haben, in der sie auf natürliche Weise reifen und ihr volles Aroma entfalten können, gerät dabei leicht in Vergessenheit. Treibhauskultur und weltweiter Handel machen es möglich.

Doch immer mehr Menschen sind unzufrieden mit dem wässrigen Geschmack der typischen Treibhaustomate. Sie trauern dem unnachahmlichen Aroma einer erntefrischen, knackigen Möhre nach und sind besorgt über die hohen Nitratwerte des Treibhaussalats. Immer mehr Menschen wollen sich gesund ernähren, wieder Bezug zu natürlichen Rhythmen finden. Was liegt da näher, als auf biologisch angebautes Obst und Gemüse aus unserer unmittelbaren Umgebung zurückzugreifen? Wer selbst keinen eigenen Garten hat, kann sich im Hofladen eines Bio-Bauernhofs, im Naturkostladen oder auf dem örtlichen Wochenmarkt mit erntefrischen Produkten versorgen.

Mit diesem Buch möchte ich Sie herzlich einladen, den Wechsel der Jahreszeiten in meinem naturnahen Garten mitzuerleben. Gemeinsam werden wir Aussaat, Wachstum und Reife der verschiedensten Obst- und Gemüsesorten verfolgen, ihre Eigenheiten kennenlernen und vieles über ihre Verwendungsmöglichkeiten in der vegetarischen Küche erfahren. Auf die Frage: »Was soll ich heute bloß kochen?« werden wir mit einem Erntespaziergang durch den Garten antworten. Und aus einem üppig gefüllten Erntekorb wollen wir – je nach Jahreszeit – leckere Gerichte zubereiten.

In einem lebendigen Garten gibt es keine Monokultur, keine abgezirkelten Reihen, in denen die Pflanzen strammstehen wie exerzierende Soldaten. Im Gegenteil, es geht immer ein bißchen kunterbunt zu. Sellerie und Blumenkohl wechseln einander ab, Ringelblumen, Borretsch und Tagetes blühen in den Gemüsebeeten, und quer durchs Ganze schlängelt sich ein Kürbis und weiß noch nicht so recht, an welcher Stelle er seine großen, gelben Früchte ablegen soll.

Der naturnahe Garten bietet uns ein hervorragendes Beispiel für eine friedliche multikulturelle Gesellschaft. Alles wächst und gedeiht ohne Gift und Chemie. Auch wenn unsere Sellerieknollen vielleicht nicht ganz so groß sind und unsere Äpfel nicht ganz so makellos aussehen wie die vermeintlichen Prachtexemplare aus dem Supermarkt – wir wissen,

Danke schön!

daß wir alle Produkte unseres Gartens unbesorgt auch roh und ungeschält essen können und außerdem das uns anvertraute Fleckchen Erde vor zerstörerischen Einflüssen schützen. Gleichzeitig freuen wir uns, daß wir uns von dem, was wir auf diese sanfte Weise dem Boden abgewinnen, so umfassend und gesund ernähren können, daß kein Tier leiden und sterben muß, um uns satt zu machen.

In diesem Sinne: Gutes Gelingen beim Kochen »querbeet«!

Irmele Erckenbrecht

Nicht alle Ideen in diesem Buch sind auf meinem eigenen Mistbeet gewachsen. Für Rezepte danke ich Katrin Dietmann, Ulla Doepmann, Jürgen Härtel, Uta Rappold, Ralf Schmeling, Rachel Smith, Monika Spiesicke, Volker Wedemeyer und Susanne Wieneke, für tatkräftige Hilfe und liebevolle Unterstützung Marieluise Erckenbrecht-Ledoux, Helga Oldigs, Joseph Smith und Uwe Wedemeyer.

Kurze Gebrauchsanweisung

Alle Rezepte in diesem Buch sind für vier Personen berechnet. Nicht immer finden sich für Gemüse und Obst genaue Mengenangaben in Gramm und Kilogramm. Hinweise wie »drei Äpfel« oder »ein mittelgroßer Rotkohl« sind für das Kochen aus dem Erntekorb einfach praktischer. Daß es dadurch jedesmal ein bißchen anders schmeckt, ist durchaus gewollt.

Aus der britischen und amerikanischen Küche stammt die ungeheuer praktische Maßeinheit der »Tasse«, die etwa 225 ml entspricht. Es empfiehlt sich, eine diesem Volumen entsprechende Tasse im eigenen Haushalt auszuspähen und von nun an als »Meßtasse« zu verwenden.

Bei den Gradangaben beim Backen bezieht sich der niedrigere Wert auf einen Heißluftofen, der höhere auf einen konventionellen Backofen.

Frühling

Die ersten Kräuter:
Kerbel, Pimpinelle, Borretsch & Co.

Wenn im zeitigen Frühjahr der Garten allmählich aus seinem Winterschlaf erwacht – wenn wir in Gummistiefeln und dickem Anorak zwischen den kahlen Beeten umherstapfen und uns noch gar nicht vorstellen können, daß es dort jemals wieder sommerlich-üppig wuchern wird –, sind es die mehrjährigen Kräuter, die als erste ihre grünen Spitzen aus dem naßkalten Boden schieben. Im Gewächshaus oder an einer anderen geschützten Stelle haben Schnittlauch und Petersilie überwintert. Unter der wärmenden Blätterschicht, mit der wir sie im Herbst zugedeckt haben, stoßen wir auf die ersten frischen Triebe von Zitronenmelisse, Pimpinelle, Oregano und Salbei. Später dann kommen die Kräuter hinzu, die sich Jahr für Jahr selbst aussäen, darunter der Kerbel und der raumgreifende Borretsch, dessen zarte, fleischige Blätter wir für die ersten Frühlingsgerichte gleich ganz ausstechen können, damit er später nicht den gesamten Garten für sich in Beschlag nimmt. Zwei oder drei Pflanzen lassen wir stehen; die leuchtend blauen Blüten dienen später den Bienen als Weide und schmücken, da sie eßbar sind, so manchen Sommersalat. Andere einjährige Kräuter wie Dill, Kresse und Bohnenkraut müssen wir, sobald es das Wetter zuläßt, selbst aussäen.

Kräuter werden im Garten oft separat gepflanzt, auf einem eigenen Beet, das der Küche am nächsten ist, oder auf einer »Kräuterspirale«, die den verschiedenen Boden-, Licht- und Feuchtigkeitsansprüchen der einzelnen Pflanzen besonders entgegenkommt. Nach bestimmten Regeln im Garten verteilt, lassen sie sich aber auch zur Schädlingsabwehr nutzen. Nicht nur für den Menschen, sondern auch für andere Pflanzen haben viele Kräuter nämlich heilsame Eigenschaften. Bohnenkraut z. B. hält von Buschbohnen die schwarzen Läuse ab, Kerbel schützt Salat vor Ameisen und Schnecken, Kümmel fördert den Geschmack von Kartoffeln, und Lavendel kräftigt und schützt Rosen.

Aber das ist jetzt im Vorfrühling noch alles Zukunftsmusik. Wie einen Schatz tragen wir die erste frische Kräuterernte nach Hause und verarbeiten sie zu leckeren, vitaminreichen Speisen.

Kräuterpfannkuchen mit Pilzen

200 g Weizenvollkornmehl
⅜l Milch
3 Eier
2 Tassen feingehackte Kräuter,
z. B. Schnittlauch, Petersilie,
Pimpinelle, Kerbel oder Dill
500 g Champignons
1 Zwiebel
3 Knoblauchzehen
Salz, Pfeffer
3 Zweige Thymian
200 ml Schlagsahne
1 Handvoll frische Kresse

Mehl mit Milch und Eiern gründlich verquirlen und eine halbe Stunde ruhen lassen. Zwiebel kleinhacken und in etwas Margarine oder Öl glasig dünsten, Pilze grob schneiden und gemeinsam mit dem zerdrückten Knoblauch hinzufügen und weiterbraten, bis die Pilze gar sind. Mit Salz, Pfeffer und frischem Thymian kräftig würzen, Sahne einrühren und leise köcheln lassen. Die feingehackten Kräuter unter den Pfannkuchenteig heben und in Margarine oder Öl dünne Pfannkuchen ausbacken. Die Pfannkuchen auf Teller legen, auf einer Seite mit der Pilzmischung belegen und zuklappen. Mit frischer Kresse bestreuen.

Grüne Soße

4 Eier, hartgekocht
2 EL Öl
2 EL Senf
Pfeffer, Salz, gemahlener Paprika
150 g saure Sahne
1 l Dickmilch
3 Tassen sehr feingewiegte Kräuter,
und zwar sieben verschiedene
Sorten (z. B. Schnittlauch, Peter-
silie, Borretsch, Pimpinelle,
Zitronenmelisse, Kerbel und Dill)

Eier pellen und in der Mittel durchschneiden, die Eigelbe herauslösen, in eine Schüssel geben, mit der Gabel zerdrücken und mit Öl und Senf zu einer cremigen Masse verrühren. Mit Salz, Pfeffer und gemahlenem Paprika kräftig würzen. Saure Sahne und Dickmilch dazugeben, die Eiweiße in kleine Stücke schneiden und ebenfalls unterrühren. Zum Schluß Kräuter unterziehen und die Soße über Nacht zugedeckt stehenlassen. Dazu gibt's frische Pellkartoffeln mit Butter und Salz.

Die »griene Soße« ist die Nationalspeise meiner nordhessischen Heimat, und jedes Dorf schwört dort auf sein Spezialrezept. Doch auch so mancher Südhesse, darunter der Geheimrat Goethe, erklärte die schmackhafte Vitaminbombe zu seinem Leib- und Magengericht. Einig sind sich alle ihre Liebhaber über die beiden wichtigsten Regeln der Zubereitung: 1. Es muß unbedingt die magische Zahl von sieben verschiedenen Kräutern verwendet werden. 2. Die Soße muß am Vortag zubereitet werden, damit sie so richtig gut durchziehen und ihr Aroma voll entfalten kann.

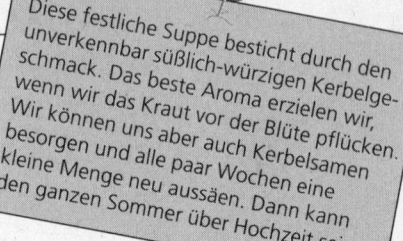

Bei diesem einfachen, aber wirkungsvollen italienischen Klassiker kommt alles auf die Zutaten an: bißfeste Nudeln, gute Butter, gartenfrischen Salbei. Vor allem aber lohnt es sich, anstatt des Fertigprodukts ein Stück echten Parmesankäse zu kaufen und frisch über das fertige Gericht zu raspeln. Belissimo!

Diese festliche Suppe besticht durch den unverkennbar süßlich-würzigen Kerbelgeschmack. Das beste Aroma erzielen wir, wenn wir das Kraut vor der Blüte pflücken. Wir können uns aber auch Kerbelsamen besorgen und alle paar Wochen eine kleine Menge neu aussäen. Dann kann den ganzen Sommer über Hochzeit sein ...

Spaghetti con salvia (Spaghetti mit Salbei)

500 g Vollkornspaghetti
100 g Butter
3 Knoblauchzehen, zerdrückt
1 Tasse Salbeiblätter, in feine
   Streifen geschnitten
100 g Parmesan, frisch gerieben

Die Spaghetti in reichlich Salzwasser bißfest kochen. Butter nicht zu stark erhitzen, Knoblauch und Salbei hinzufügen und kurz dünsten.
Die Buttersauce unter die Spaghetti mischen. Mit frischem Parmesan bestreuen.

Joe und Irmelas Hochzeitssuppe (Kerbelcreme)

2 Bund Kerbel
2 EL Butter oder Margarine
1 große Zwiebel
1 Stange Lauch
1 l Gemüsebrühe
3 Kartoffeln
200 ml Schlagsahne
Kräutersalz und Pfeffer

Die Kerbelblätter von den Stielen zupfen und die Stiele kleinschneiden. Zwiebel und Lauch in Ringe schneiden und zusammen mit den Kerbelstielen im Fett glasig braten. Mit Gemüsebrühe angießen. Kartoffeln schälen, in Stücke schneiden, in die Brühe geben und etwa 15 Minuten kochen lassen. In der Zwischenzeit die Kerbelblätter fein wiegen (einige Blättchen zur Seite legen) und die Hälfte der Sahne aufschlagen. Die Suppe von der Kochstelle nehmen und mit dem Pürierstab pürieren. Den Rest der Sahne und die Kräuter unterrühren. Mit Kräutersalz und Pfeffer abschmecken. Nicht mehr kochen! Beim Servieren auf jede Portion eine Sahnehaube aufsetzen und mit den zurückgelegten Kerbelblättchen garnieren.

Riso cubano (Kräuterreis mit Banane)

1 große Zwiebel, gehackt
4 EL Butter oder Margarine
2 Tassen Vollkornreis
5 Tassen Gemüsebrühe
1 Tasse Erbsen
2 Möhren, kleingeschnitten
4 Bananen
Gemahlener Paprika, Currypulver
1 Tasse Kräuter, fein gehackt

Zwiebeln und Reis in zwei Eßlöffeln Butter oder Margarine glasig dünsten, mit der Gemüsebrühe aufgießen und nach der Zeitangabe auf der Reispackung bei geringer Hitze garen lassen. 15 Minuten vor Ende der Garzeit Erbsen und kleingeschnittene Möhren zugeben. Die Bananen der Länge nach halbieren und zuerst die Schnittfläche, dann die runde Seite in der restlichen Butter oder Margarine anbraten. Schnittfläche mit Paprika und Curry bestreuen. Gemüsereis in eine Schüssel geben, Kräuter unterheben. Die gebratenen Bananen mit der Schnittfläche nach oben auf dem Reis verteilen.

Kräuterbrötchen

200 g Weizenvollkornmehl
3 TL Backpulver
30 g Butter oder Margarine
100 g Kräuterfrischkäse
1 Bund Schnittlauch, fein gehackt
½ Bund Petersilie und/oder Kerbel,
fein gehackt
½ Bund Dill, fein gehackt
9 EL Milch
1 Eigelb

Mehl, Backpulver, Butter oder Margarine und Kräuterfrischkäse in eine Schüssel geben. Kräuter darüberstreuen, acht Eßlöffel Milch dazugeben und zu einem geschmeidigen Teig verkneten. In zehn gleich große Stücke teilen. Jedes Stück noch einmal gründlich durchkneten, zu einem Brötchen formen, an der Oberseite einkerben und auf ein gefettetes Blech setzen. Eigelb mit dem restlichen Eßlöffel Milch verquirlen und die Brötchen damit bestreichen. Bei 180 – 200° C etwa 30 Minuten backen.
Mit frischer Butter bestrichen passen die Kräuterbrötchen hervorragend zu einem Gemüseauflauf oder zu einer leckeren Suppe.

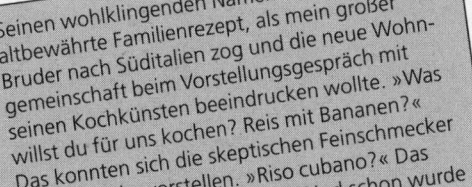

Seinen wohlklingenden Namen bekam dieses altbewährte Familienrezept, als mein großer Bruder nach Süditalien zog und die neue Wohngemeinschaft beim Vorstellungsgespräch mit seinen Kochkünsten beeindrucken wollte. »Was willst du für uns kochen? Reis mit Bananen?« Das konnten sich die skeptischen Feinschmecker nur mit Mühe vorstellen. »Riso cubano?« Das klang um einiges interessanter. Und schon wurde der Einzugstermin festgemacht.

Die ersten grünen Blätter:
Brennesseln, Radieschen, Sauerampfer

Ehe es im Frühlingsgarten noch das erste »richtige Gemüse« gibt, freuen wir uns über alle grünen Blätter, die sich durch die braune Erde schieben und sich als Grundlage für frische, vitaminreiche Gerichte eignen. Der Sauerampfer, als Knöterichgewächs mit dem Rhabarber eng verwandt, kommt – einmal ausgesät – im Garten immer wieder, so daß wir schon im zeitigen Frühjahr die ersten zarten Blätter pflücken können.

Natürlich sind wir, wenn wir die ersten Radieschen aussäen, eher auf die scharfen, kugelrunden, roten Wurzeln erpicht. Aber auch die grünen Blätter sind genießbar, und so können wir, je nach Außentemperatur, zwischen einer erfrischend kalten *weißen* und einer wärmenden *grünen* Radieschensuppe wählen. Auch eine Ecke mit Brennesseln sollte es in jedem Garten geben. Brennesseln dienen Schmetterlingsraupen als Nahrung. Mit Wasser angesetzt und ein bis zwei Wochen in der Sonne gegoren, ergeben sie ein hervorragendes Mittel zur Schädlingsabwehr und Stärkung anderer Gartenpflanzen. Und im Frühling, wenn sie noch nicht höher als zehn bis fünfzehn Zentimeter hoch sind, bilden die jungen Brennesseltriebe die Grundlage für eine leckere, gesunde Suppe.

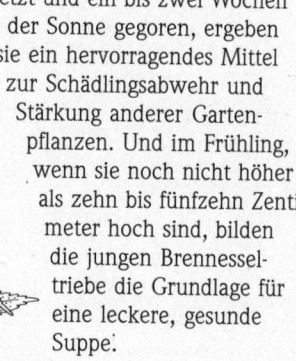

Brennesselsuppe

300 g junge Brennesselspitzen
(beim Ernten Handschuhe
nicht vergessen!)
2 Zwiebeln, gehackt
2 Knoblauchzehen, zerdrückt
3 EL Butter oder Margarine
1 l Gemüsebrühe
3 Kartoffeln
200 ml Schlagsahne
4 Scheiben Vollkornbrot
Kräutersalz, Pfeffer, Muskat

Brennesseln im Wasserbad im Spül-
becken gründlich waschen. (Sind sie
erst einmal unter Wasser getaucht,
können wir uns an ihnen nicht mehr
die Finger verbrennen.) Zwiebeln mit
einer Knoblauchzehe in einem Eßlöffel Butter oder Margarine glasig
dünsten. Die Brennesseln dazugeben
und unter ständigem Rühren zusammenfallen lassen. Mit der Brühe
aufgießen und die Kartoffeln dazugeben. Etwa 20 Minuten köcheln
lassen. Die Brotscheiben fein würfeln, in der restlichen Butter oder
Margarine goldbraun rösten und mit
der zweiten Knoblauchzehe würzen.
Suppe pürieren, mit Sahne vermischen und mit Kräutersalz, Pfeffer
und geriebener Muskatnuß abschmecken. Kurz vor dem Servieren
mit den Brotwürfeln bestreuen.

Brennessel-Soufflé

500 g junge Brennesselspitzen
(Vorsicht beim Ernten!)
1 Zwiebel, gehackt
2 EL Butter
⅛ l Gemüsebrühe
Salz, Pfeffer, Oregano, Muskat
200 ml Schlagsahne
4 EL Weizenvollkornmehl
4 Eier
70 g Parmesan, frisch gerieben

Die Brennesselspitzen mit kochendem Wasser übergießen, kurz
aufkochen und abtropfen lassen.
Zwiebel in der Butter glasig dünsten.
Gemüsebrühe und Brennesseln dazugeben, mit Salz, Pfeffer, Oregano und
Muskat würzen. Eier trennen. Eigelb, Sahne, Mehl und Parmesan in
einer Schüssel verquirlen und unter
die Brennesselmasse rühren.
Das Eiweiß sehr steif schlagen und
vorsichtig unterheben. In eine
gefettete Auflaufform füllen und bei
200 – 220° C etwa 30 Minuten
backen. Sofort servieren.

Grüne Radieschensuppe

3 Bund Radieschen mit Blättern
2 Stangen Lauch, in Streifen
  geschnitten
1 Zwiebel, gehackt
1 EL Butter oder Margarine
1 l Gemüsebrühe
⅛ l Milch
Salz, Pfeffer

Ein paar Radieschen für später beiseite legen, die restlichen Radieschen
und die Radieschenblätter klein
hacken. Zwiebel in der Butter oder
Margarine glasig dünsten, Radieschen und Lauch zugeben und mit
Gemüsebrühe auffüllen.
Im geschlossenen Topf etwa zehn
Minuten kochen. Im Mixer oder mit
dem Pürierstab pürieren, Milch
zugießen und mit Salz und Pfeffer
abschmecken. Restliche Radieschen
in feine Stifte schneiden und die
fertige Suppe damit bestreuen.

Weiße Radieschensuppe

2 Scheiben Pumpernickel
500 g Joghurt
½ l Buttermilch
Salz, Pfeffer, Vollrohrzucker
1 Bund Radieschen
1 Bund Schnittlauch, gehackt

Pumpernickel zerbröseln und mit
Joghurt und Buttermilch verrühren.
Mit Salz, Pfeffer und Zucker ab-
schmecken. Radieschen in sehr feine
Scheiben schneiden und mit dem
Schnittlauch unter die Joghurtsuppe
rühren. Bis zum Servieren kalt-
stellen.

Sauerampferkuchen

100 g Rosinen
⅛ l Orangensaft, frisch gepreßt
250 g Weizenvollkornmehl
2 TL Trockenhefe
⅛ l Milch, lauwarm
1 EL Öl
1 EL Honig
3 – 5 EL Wasser, lauwarm
100 g frische Sauerampferblätter
3 EL Ahornsirup
2 Eier
100 g gemahlene Haselnüsse

Rosinen im Orangensaft einweichen.
Mehl und Hefe vermischen, mit
Milch, Öl, Honig und Wasser zu
einem glatten Teig verkneten. An
einem warmen Ort zugedeckt eine
Stunde gehen lassen. Nochmals
durchkneten und auf dem Boden
einer gefetteten Springform verteilen.
Mit den Sauerampferblättern belegen. Orangensaft abgießen, mit
dem Ahornsirup und den Eiern verquirlen. Rosinen und Nüsse auf die
Blätter streuen und mit der Orangen-
saftmischung begießen. Im leicht
angewärmten Ofen noch einmal
eine halbe Stunde gehen lassen,
anschließend bei 180 – 200° C
etwa 30 Minuten backen.

Sauerampfersuppe

300 g junge Sauerampferblätter
1 Zwiebel, gehackt
40 g Butter oder Margarine
1 l Gemüsebrühe
Salz, Pfeffer, Muskat
1 Prise Vollrohrzucker
200 ml Schlagsahne

Die gewaschenen und von den
Stielen befreiten Sauerampferblätter
übereinanderlegen und in feine
Streifen schneiden. Zwiebel in der
Butter oder Margarine glasig dünsten. Sauerampfer dazugeben und
unter ständigem Rühren vorsichtig
zusammenfallen lassen. Mit Brühe
aufgießen, aufkochen und etwa
zehn Minuten leise köcheln lassen.
Mit Salz, Pfeffer, Muskat und Zucker
abschmecken. Zuletzt die Sahne
unterrühren und sofort servieren.

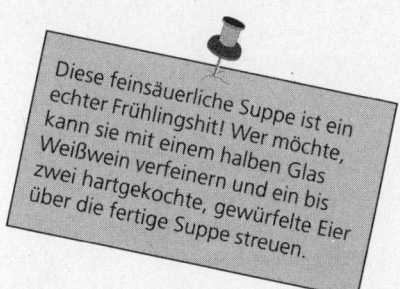

Diese feinsäuerliche Suppe ist ein
echter Frühlingshit! Wer möchte,
kann sie mit einem halben Glas
Weißwein verfeinern und ein bis
zwei hartgekochte, gewürfelte Eier
über die fertige Suppe streuen.

Ein köstlicher, saftiger Kuchen, bei dem
Süßes und Säuerliches eine sehr harmo-
nische Verbindung eingehen.

Sauer und vitaminreich: Rhabarber

Der Rhabarber ist im Garten ein eigenbrötlerischer Dauergast. Am wohlsten fühlt er sich, wenn er sich über Jahre hinweg an der gleichen Stelle ungeniert ausbreiten kann. Obgleich er meist wie Obst zubereitet wird, zählt er als Knöterichgewächs eigentlich zu den Gemüsepflanzen. In seiner mongolischen und osttibetischen Heimat wurden seine Wurzeln als Heilmittel verwendet, in Europa laben wir uns vor allem an seinen säuerlichen Stengeln, die wir beim Ernten vorsichtig vom Pflanzenstock drehen.

Der Rhabarber gehört zu den ersten Vitaminspendern im Gartenjahr. Das Wachstum der ersten Blätter können wir von Tag zu Tag mitverfolgen. Im gierigen Ernteeifer dürfen wir jedoch nicht vergessen, stets etwa die Hälfte der Stiele stehenzulassen, damit sich die Rhabarberpflanze weiter ernähren und entwickeln kann.

Die angenehme Säure des Rhabarbers geht auf die reichlich enthaltene Apfelsäure zurück. Für das stumpfe Gefühl auf den Zähnen ist die Oxalsäure verantwortlich, die in größeren Mengen giftig ist. Der Oxalsäuregehalt steigt im Laufe des Jahres, weshalb eine alte Regel besagt, daß die Rhabarberernte am 20. Juni beendet sein soll. Die Blätter des Rhabarbers enthalten besonders viel Oxalsäure und sollten besser nicht gegessen werden. Eine besondere Delikatesse sind jedoch die Blüten der Rhabarberpflanze, die wir, ähnlich wie beim Brokkoli, kurz vorm Aufgehen der Knospen abschneiden. Die Blüten einer großen Pflanze ergeben, im Ofen überbacken, ein köstliches Hauptgericht.

Überbackene Rhabarberblüten

2 – 4 große Rhabarberblüten,
  kurz vor dem Aufgehen gepflückt
3 Eigelb
250 g Butter, in kleine Stücke
  geschnitten
Zitronensaft
Salz, Pfeffer
50 g mittelalter Gouda, frisch
  gerieben

Die Rhabarberblüten in leicht gesalzenem Wasser fünf bis zehn Minuten weich kochen und in eine gefettete Auflaufform geben. Eier trennen. Eigelb mit drei Eßlöffeln Wasser in eine Schüssel geben und mit der Schüssel in einem passenden Wasserbad erhitzen. Nach und nach die Butter vorsichtig einrühren.
Die Sauce mit Zitronensaft, Salz und Pfeffer abschmecken und über die Rhabarberblüten gießen.
Mit dem Käse bestreuen und bei 180 – 200° C etwa zwanzig Minuten backen.

Die feinsäuerlichen Blüten schmecken am besten, wenn wir sie mit einer Sauce Hollandaise überbacken. Die Sauce ist zwar ziemlich reichhaltig, aber überbackene Rhabarberblüten gibt es ja meist auch nur einmal im Jahr.

Umstürzlerische Rhabarbertorte

500 – 600 g Rhabarber
3 EL Vollrohrzucker
75 g Butter oder Margarine
120 g Honig
1 Vanilleschote
1 TL Zitronensaft
2 Eier
150 g Weizenvollkornmehl
1 TL Backpulver
(evtl. 250 ml Kirschsaft und
  2 TL Johannisbrotkernmehl)

Eine Springform mit reichlich Öl auspinseln. Den Rhabarber in etwa zwei Zentimeter lange Stücke schneiden und z. B. im Kreismuster auf dem Boden verteilen. Mit dem Zucker bestreuen. Aus Butter oder Margarine, Honig, ausgekratztem Vanillemark, Zitronensaft, Eiern, Mehl und Backpulver einen Rührteig herstellen und gleichmäßig auf dem Rhabarber verteilen. Mit einem in heißes Wasser getauchten Löffel glattstreichen. Bei 180° C etwa 50 Minuten backen. Den Rand der Springform lösen, die Torte auf eine Kuchenplatte stürzen und den Boden der Springform vorsichtig abheben. Wer möchte, kann die Torte mit einem Guß aus 250 ml Kirschsaft und zwei gestrichenen Teelöffeln Johannisbrotkernmehl bestreichen.

Rhubarb Crumble (Rhabarber mit Streuseln)

500 g Rhabarber
175 g Weizenvollkornmehl
110 g Butter oder Margarine
50 g Vollrohrzucker

Rhabarber in etwa zwei Zentimeter lange Stücke schneiden und in eine Auflaufform legen. Aus dem Mehl, der Butter oder Margarine und dem Zucker Streusel kneten und so auf dem Rhabarber verteilen, daß er ganz bedeckt ist. Bei 180° C etwa 30 Minuten backen. Dazu wird in England traditionell eine warme Vanillesauce serviert.

Rhabarber-Ingwer-Gratin

500 g Rhabarber
150 g Mandeln, gemahlen
20 g kandierter Ingwer, in feine Scheiben geschnitten
2 Eier
150 g saure Sahne
100 g Vollrohrzucker
2 EL Vanillepuddingpulver

Rhabarber in etwa drei Zentimeter große Stücke schneiden und in eine gefettete Auflaufform geben. Mandeln und Ingwer darüber verteilen. Eier, saure Sahne, Zucker und Puddingpulver verrühren und darübergießen. Bei 180 – 200° C etwa 30 Minuten backen.

Das Beste an der englischen Küche sind die leckeren Desserts, darunter auch der »Rhubarb Crumble« – ein echter englischer Klassiker. Vielleicht liegt es daran, daß der Rhabarber, als er aus Asien nach Europa kam, zuerst in England kultiviert wurde? Ein Crumble läßt sich allerdings nach dem gleichen Rezept auch sehr gut aus säuerlichem Obst, z. B. Sauerkirschen oder Stachelbeeren, zubereiten.

Ein exotisches Gericht, bei dem der Rhabarber einmal Gelegenheit hat, sich von einer ganz anderen Seite zu zeigen.

Süßsaure Tofupfanne mit Rhabarber

500 g Rhabarber
3 EL flüssiger Honig
3 Möhren
1 Stangensellerie
1 Zwiebel, gehackt
2 TL Curry
¼ l Gemüsebrühe
5 EL Sherry
2 EL Erdnußcreme
250 g geräucherter Tofu
2 EL saure Sahne
1 Bund Petersilie, gehackt

Rhabarber in etwa ein Zentimeter große Stücke schneiden und mit dem Honig beträufeln. Möhren und Stangensellerie kleinschneiden und mit der Zwiebel im heißen Öl anbraten. Curry zufügen und kurz mitdünsten. Brühe angießen und etwa fünf Minuten dünsten. Rhabarber mit dem Honig, Sherry und Erdnußcreme dazugeben und abgedeckt weitergaren lassen, bis der Rhabarber weich ist. Tofu in Würfel schneiden und dazugeben. Saure Sahne unterrühren und mit Petersilie bestreuen. Dazu gibt's Vollkornreis.

Rhabarber-Apfelsinen-Kompott

1500 g Rhabarber
5 Apfelsinen
5 EL Honig
1 Vanilleschote
200 ml Schlagsahne

Rhabarber in etwa zwei Zentimeter große Stücke schneiden. Drei Apfelsinen auspressen. Die Rhabarberstücke mit dem Apfelsinensaft, dem Honig und dem ausgekratzten Vanillemark etwa fünf Minuten kochen lassen, bis er weich, aber noch nicht zerfallen ist. Die restlichen Apfelsinen schälen und die Schnitze aus der Haut lösen. Die Apfelsinenfilets zum Rhabarber geben. Kompott je nach Geschmack noch etwas nachsüßen und kaltstellen. Mit flüssiger Sahne servieren.

Grüne Verwandte: Mangold und Spinat

Die beiden klassischen Blattgemüse sind eng verwandt – beide gehören zur Familie der Gänsefußgewächse. Doch während der Mangold in den Küstenregionen rund ums Mittelmeer beheimatet ist und schon bei den alten Griechen und Römern sehr beliebt war, stammt der Spinat aus Asien und kam erst mit den zurückkehrenden Kreuzrittern zu uns nach Mitteleuropa.

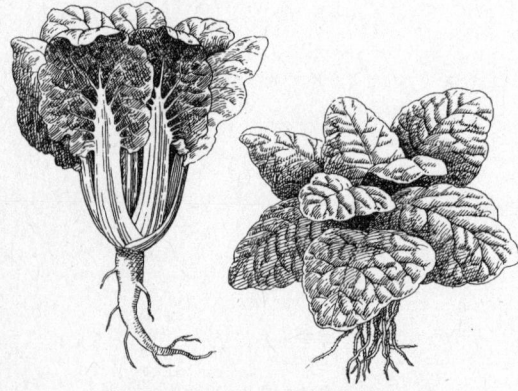

Je nachdem, welcher Pflanzenteil stärker ausgeprägt ist, unterscheiden wir zwischen Blatt- und Rippenmangold. Bei beiden werden stets nur die äußeren Blätter geerntet, damit die Pflanze kräftig weiterwachsen kann. Da der Mangold leichte Fröste verträgt, kann er unter einer schützenden Laubschicht milde Winter durchaus überstehen, so daß wir im darauffolgenden Frühling schon sehr zeitig frischen Mangold ernten können.
Den Spinat können wir nur im Frühjahr und im Herbst aussäen. Als

»Ganztagspflanze« treibt er, wenn die langen Sommertage kommen, seine Blüten aus, d.h. er »schießt«, ohne große Blätter herauszubilden. Da er schnell heranreift, eignet er sich hervorragend als Vor-, Zwischen- oder Nachkultur. Seine Wurzeln verbessern den Boden, und ihr Geruch schlägt Erdflöhe in die Flucht. Als Nachbarn schätzt er vor allem Kartoffeln, Kohl und Tomaten. Da die Blätter im Kochtopf stark zusammenfallen, wir für eine Mahlzeit also viel Spinat ernten müssen, ist es sinnvoll, immer mal wieder irgendwo eine Reihe nachzusäen.
Als vermeintlich extrem eisenhaltige und daher kerngesunde, aber ziemlich scheußlich schmeckende grüne Pampe trübt der Spinat so manche Kindheitserinnerung. Inzwischen wissen wir, daß er längst nicht so viel Eisen enthält wie lange Zeit behauptet. Mit Stickstoffdünger zu unnatürlichen Wachstumsrekorden angespornte Spinatpflanzen speichern außerdem viel schädliches Nitrat. Um so besser, daß wir auf die Ernte aus dem eigenen Biogarten zurückgreifen können. Der natürlich gewachsene Spinat ist nämlich auch ohne Eisen-Superlative ein sehr gesundes Gemüse, das viele Vitamine und Mineralstoffe enthält. Und was seine Zubereitung betrifft, haben wir die grüne Einheitspampe längst durch eine phantasievolle Vielfalt ersetzt, so daß wir ihn gemeinsam mit unseren Kindern wieder ganz neu entdecken können.

Cannelloni agli spinaci (Cannelloni mit Spinat)

250 g Spinat
1 Knoblauchzehe, zerdrückt
250 g Hüttenkäse
200 g Emmentaler, geraspelt
Kräutersalz
1 Zwiebel, gehackt
1 EL Öl
500 g Tomaten,
*   gehäutet und kleingeschnitten*
2 EL Tomatenmark
Salz, Pfeffer, Paprika, Oregano
1 EL Butter oder Margarine
2 EL Vollkornweizenmehl
200 ml Milch
Muskatnuß
8 – 12 Cannelloni

Spinat mit ganz wenig Wasser gar dünsten und etwas abkühlen lassen. Knoblauch, Hüttenkäse und die Hälfte des Emmentalers unterrühren und mit Kräutersalz abschmecken. Für die Tomatensauce die Zwiebel im Öl glasig dünsten, Tomaten zugeben und mit Tomatenmark, Salz, Pfeffer, Paprika und Oregano abschmecken. Für die Béchamelsauce Butter oder Margarine mit Mehl anschwitzen, Milch zugießen und unter ständigem Rühren aufkochen lassen. Mit Salz und Muskatnuß würzen. Die Tomatensauce in eine Auflaufform gießen. Die Cannelloni mit der Spinat-Käse-Mischung füllen und nebeneinander in die Tomatensauce legen. Mit der Béchamelsauce begießen und dem restlichen Emmentaler bestreuen. Bei 200° C etwa 30 Minuten backen.

Spinat-Pizza

500 g Weizenvollkornmehl
1 Päckchen Trockenhefe
1 Ei
5 EL Olivenöl
1 TL Vollrohrzucker
1 TL Salz
500 g Spinat
100 ml Schlagsahne
3 Knoblauchzehen, zerdrückt
1 TL Kräutersalz
Pfeffer, Muskatnuß
½ TL Johannisbrotkernmehl
100 g schwarze Oliven
250 g Mozzarella

Mehl und Hefe mischen. Mit Ei, Öl, Zucker und Salz sowie einem viertel Liter lauwarmem Wasser zu einem geschmeidigen Teig verkneten. An einem warmen Ort zugedeckt eine Stunde gehen lassen und anschließend auf einem gefetteten Backblech ausrollen. Die gewaschenen Spinatblätter aufeinanderlegen und in zweifingerbreite Streifen schneiden. Mit ganz wenig Wasser gar dünsten. Sahne und zerdrückten Knoblauch dazugeben. Mit Kräutersalz, Pfeffer und Muskatnuß würzen, mit dem Johannisbrotkernmehl andicken. Den Spinat auf dem Pizzaboden verteilen. Mit Oliven und der in Scheiben geschnittenen Mozzarella garnieren. Im leicht angewärmten Ofen noch einmal eine halbe Stunde gehen lassen, anschließend bei 200 – 220° C etwa 30 Minuten backen und sofort servieren.

Spinatsuppe mit Grünkern und Gorgonzola

*50 g Grünkern (über Nacht
in ¼ l Wasser einweichen!)
1 EL Öl
1 kleine Zwiebel, gehackt
½ l Gemüsebrühe
300 g Spinat
⅛ l Milch
Salz, Pfeffer, Muskatnuß
150 g saure Sahne
50 g Gorgonzola*

Eingeweichten Grünkern auf ein
Sieb schütten, Einweichwasser auffangen. Zwiebel und Grünkern
einige Minuten lang im Öl dünsten.
Einweichwasser dazugießen und bei
schwacher Hitze etwa 20 Minuten
kochen lassen. Ab und zu etwas
Brühe zugießen. Den gewaschenen
und geputzten Spinat, Milch, Gewürze und restliche Brühe dazugeben
und noch fünf Minuten zugedeckt
kochen lassen. Im Mixer oder mit
dem Pürierstab pürieren. Saure
Sahne in die Suppe geben und das
Ganze noch einmal aufkochen lassen. Gorgonzola zerbröckeln und
über die Suppe streuen.

Spinat-Salat

*350 g Spinat
1 Bund Möhren
2 EL Sonnenblumenkerne
1 Limette
Salz, Pfeffer
½ TL Honig
4 EL Öl*

Gewaschene Spinatblätter aufeinanderlegen und in etwa zwei Zentimeter breite Streifen schneiden.
Möhren grob raspeln und gemeinsam
mit den Sonnenblumenkernen unter
den Spinat mischen. Limettensaft mit
Salz, Pfeffer und Honig verrühren.
Öl unterschlagen und über die Salat-
zutaten gießen. Vor dem Servieren
eine halbe Stunde durchziehen lassen.

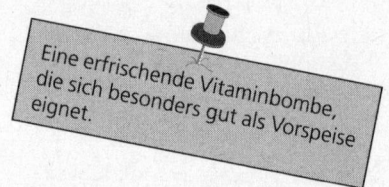

*Eine erfrischende Vitaminbombe,
die sich besonders gut als Vorspeise
eignet.*

Mangold-Quiche

300 g Weizenvollkornmehl
3 EL Trockenhefe
⅛ l lauwarme Milch
1 TL Vollrohrzucker
1 TL Kräutersalz
1 TL Oregano
50 g Haselnüsse, gemahlen
2 – 3 EL Olivenöl
2 EL Butter oder Margarine
1 Zwiebel, fein gehackt
750 g roter (oder grüner) Mangold
(Blätter und Stiele,
in feine Streifen geschnitten)
3 Eier
200 ml Schlagsahne
100 g Parmesan, frisch gerieben
Salz, Pfeffer, Muskat

Mehl und Hefe mischen. Mit Milch, Zucker, Salz, Oregano, Haselnüssen und Olivenöl zu einem geschmeidigen Teig verkneten. Eventuell noch etwas lauwarmes Wasser zugeben. An einem warmen Ort zugedeckt etwa eine Stunde gehen lassen. Nochmals durchkneten und zwei Drittel des Teigs auf den Boden einer Quiche- oder Springform verteilen. Das restliche Drittel zu einer langen Schlange rollen und daraus den Rand formen. Zwiebel in Butter oder Margarine glasig dünsten. Mangold einige Minuten mitdünsten. Auf den Quiche-Boden geben. Eier schaumig schlagen, Sahne und Parmesan unterrühren, mit Salz, Pfeffer und Muskat kräftig würzen und über das Gemüse gießen. Bei 180 – 200° C etwa 40 Minuten backen.

Mangoldwickel à la Katrin

250 g Hirse
½ l Gemüsebrühe
600 g Blattmangold
5 EL Olivenöl
2 Eier
4 EL Hefeflocken
2 Knoblauchzehen, zerdrückt
2 Tassen feingehackte Kräuter
(z. B. Liebstöckel, Kerbel oder
Petersilie), fein gehackt
Salz, Pfeffer
40 g Emmentaler, gerieben

Hirse in der Gemüsebrühe aufkochen und etwa 15 Minuten quellen lassen. Inzwischen die Mangoldblätter in kochendem Salzwasser in mehreren Portionen jeweils eine Minute blanchieren, mit dem Schaumlöffel herausnehmen und abtropfen lassen. Blanchierbrühe aufbewahren. Zwei Eßlöffel Öl, die verquirlten Eier und Hefeflocken mit der gequollenen Hirse verrühren. Knoblauch und Kräuter dazugeben, mit Salz und Pfeffer abschmecken. Jeweils zwei bis drei Mangoldblätter aufeinanderlegen, einen Eßlöffel Füllung daraufgeben und zusammenrollen. Die Mangoldwickel dicht nebeneinander in eine Pfanne legen. Fingerhoch Blanchierbrühe einfüllen, Wickel noch einmal salzen und mit dem Öl beträufeln. In der geschlossenen Pfanne etwa 30 Minuten dünsten, mit Käse bestreuen und noch so lange zugedeckt stehen lassen, bis der Käse geschmolzen ist.

Ein gern gesehener Nachbar: Kohlrabi

Der Kohlrabi gehört zur Familie der Kohlpflanzen, bildet jedoch keinen Kohlkopf, sondern eine fleischig-saftige Verdickung seines Stengels aus, die fälschlicherweise häufig als »Knolle« bezeichnet wird. Im Garten gehört er zu den frühesten und ertragreichsten Gemüsesorten. Er wächst schnell, braucht wenig Platz und läßt sich, unter Folie oder im Frühbeet angebaut, schon Ende April oder Anfang Mai ernten. Allerdings braucht er ausreichend Feuchtigkeit, weil er sonst hart und holzig wird. Als besonders verträglicher Nachbar eignet sich der Kohlrabi fast überall als Zwischenkultur, so daß wir immer

wieder eine Reihe nachpflanzen oder -säen können. Besonders sympathisch ist ihm die Nachbarschaft von Salaten, Spinat, Möhren und Tomaten. Am besten schmeckt Kohlrabi frisch geerntet und grob geschält beim Picknick während einer Arbeitspause im Garten. Übersteht er trotzdem einmal den Weg im Erntekorb nach Hause, läßt er sich zu leckeren Rohkost- und Gemüsegerichten verarbeiten. Für alle Kohlrabi-Rezepte gilt: Bevor wir den Kohlrabi schälen, schneiden wir die zarten Herzblätter ab, hacken sie grob und streuen sie später über das fertige Gericht. Auf diese Weise bleiben uns die wertvollen Vitamine des Kohlrabi, die vor allem in diesen Blättern stecken, voll und ganz erhalten.

Kohlrabisalat

350 g Kohlrabi
2 Äpfel
4 Mandarinen
50 g Rosinen
25 g Mandeln, gehackt
150 g Joghurt
1 TL Honig
3 EL frische Sprossen
(z. B. Luzerne, Alfalfa oder Kresse)

Kohlrabi grob raspeln. Die Äpfel
würfeln, die Mandarinenschnitze
halbieren. Mit den Rosinen und
Mandeln verquirlen. Joghurt mit
Honig vermischen und unterrühren.
Mit frischen Sprossen bestreuen.

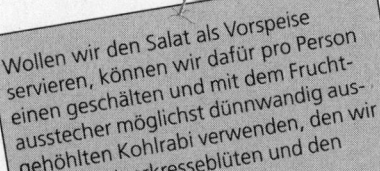

Wollen wir den Salat als Vorspeise
servieren, können wir dafür pro Person
einen geschälten und mit dem Fruchtausstecher möglichst dünnwandig ausgehöhlten Kohlrabi verwenden, den wir
mit Kapuzinerkresseblüten und den
Sprossen garnieren.

Kohlrabi-Kräuter-Gratin

600 g Kohlrabi
Salz, Pfeffer, Muskatnuß
1 Bund Petersilie, fein gehackt
1 Handvoll Kerbel, fein gehackt
1 Handvoll Kressesprossen
2 Eier
¼ l Schlagsahne
¼ l Milch

Kohlrabi in zwei bis drei Millimeter
dünne Scheiben schneiden. Eine
dünne Schicht Kohlrabischeiben
dachziegelartig in eine eingefettete
flache Auflaufform legen. Mit Salz,
Pfeffer und Muskatnuß würzen, mit
Kräutern bestreuen. Die Zutaten in
der gleichen Reihenfolge weiter
einschichten, bis sie alle sind. Eier
mit Sahne und Milch verquirlen und
das Gratin damit bedecken. Eventuell
noch etwas Milch nachgießen. Bei
180 – 200° C 40 – 45 Minuten
backen.

Kohlrabipfanne

1 Zwiebel, gehackt
1 EL Margarine
400 g Kartoffeln, geschält und
  gewürfelt
3 Möhren, gewürfelt
2 Kohlrabi, geschält und gewürfelt
Kräutersalz, Thymian
1 Tasse Dickmilch
4 EL Gewürzhefeflocken

Zwiebeln in der Margarine andünsten, Kartoffeln und Möhren dazugeben und in der geschlossenen Pfanne bei schwacher Hitze etwa fünf Minuten schmoren lassen. Den gewürfelten Kohlrabi zugeben, mit Kräutersalz und reichlich Thymian würzen und in der offenen Pfanne weitere fünfzehn Minuten schmoren lassen. Dickmilch zugeben und einkochen lassen. Mit Gewürzhefeflocken bestreuen. Dazu schmeckt am besten ein grüner Salat.

Kohlrabigemüse mit Haferflockenknödel

600 g Pellkartoffeln, möglichst
  am Vortag gekocht
50 g Haferflocken
½ Bund Petersilie, gehackt
60 g Hafermehl (oder grobe
  Haferflocken, gemahlen)
4 EL Semmelbrösel
2 Eier
Kräutersalz, Muskat
4 Kohlrabi
60 g Butter oder Margarine
Schnittlauch

Kartoffeln zerdrücken. Haferflocken ohne Fett in der Pfanne rösten und zusammen mit den Kartoffeln, der Petersilie, dem Hafermehl, den Semmelbröseln und den Eiern verkneten. Mit Salz und Muskatnuß abschmecken. Mittelgroße Knödel formen und in reichlich Salzwasser ohne Deckel etwa 20 Minuten garen.
Kohlrabi schälen und grob reiben. Herzblätter hacken. Butter oder Margarine in einer Pfanne erhitzen und das Kohlrabigemüse etwa fünf Minuten darin braten. Mit Kräutersalz abschmecken. Die abgetropften Knödel auf das Kohlrabigemüse legen, mit Schnittlauch und den gehackten Herzblättchen bestreuen. Dazu passen weichgekochte Eier und ein grüner Salat.

Kohlrabi mit Pilzfüllung

8 Kohlrabi
2 Zwiebeln, gehackt
1 EL Öl
125 g frische Champignons,
  klein gehackt
2 Handvoll Brokkoli-Röschen,
  klein gehackt,
2 kleine Möhren, in dünne Scheiben
  geschnitten
2 Scheiben Räucherkäse,
  fein gewürfelt
1 Ei
½ Bund Petersilie oder Kerbel
Kräutersalz, Pfeffer
Thymian, Muskat
¼ l Gemüsebrühe

Die Kohlrabi schälen, die Herzblätter
hacken. Die Kohlrabi eine Viertelstunde in Salzwasser kochen,
anschließend abkühlen lassen und
mit einem Fruchtausstecher aushöhlen. Zwiebeln im Öl dünsten,
Champignons, Brokkoli und Möhren
dazugeben und gar dünsten. Etwas
abkühlen lassen und mit dem Räucherkäse, dem Ei und den Kräutern
mischen. Mit Kräutersalz, Pfeffer
reichlich Thymian und Muskat abschmecken. Das Innere der Kohlrabi
kleinhacken. Die eine Hälfte mit der
Füllung vermischen. Die andere
Hälfte mit den gehackten Herz-
blättern unter die Brühe rühren.
Kohlrabi füllen, in eine gefettete
Form setzen und im Backofen bei
etwa 180° C 40 Minuten garen.
Brühe zugießen und noch einmal
fünf Minuten schmoren lassen.

Die gefüllten Kohlrabi schmecken
am besten mit Pellkartoffeln und
einem frischen Salat.

Kohlrabi mit Käsekruste

2 – 3 große Kohlrabi
Salz, Pfeffer
5 EL Weizenvollkornmehl
1 Ei
100 g Semmelbrösel
100 g mittelalter Gouda, gerieben
Öl zum Braten

Den Kohlrabi schälen und in etwa
ein Zentimeter breite Scheiben
schneiden. In Salzwasser etwa
15 Minuten kochen, gut abtropfen
und auskühlen lassen. Mit Salz und
Pfeffer würzen und im Mehl wenden. Das Ei in einem tiefen Teller
verquirlen. Semmelbrösel und Käse
in einem anderen tiefen Teller gut
mischen. Die Kohlrabischeiben erst
in dem Ei, dann in der Semmelbrösel-Käse-Mischung wenden und in
reichlich Öl goldbraun ausbacken.
Hervorragend schmecken dazu
Tomatenquark und Pellkartoffeln
(siehe Seite 69).

Vorboten des Sommers: Erdbeeren

Im Juni, wenn der Frühling schon langsam in den Sommer übergeht, wenn im Garten alles saftig grün ist und die ersten Rosen blühen, leuchten uns auch an den Erdbeersträuchern die ersten roten Früchte entgegen.

Besonders üppig wird unsere Beerenernte, wenn wir uns bemühen, den natürlichen Lebensbedürfnissen der Erdbeerpflanzen möglichst weit entgegenzukommen. Erdbeeren sind Waldpflanzen, daher fühlen sie sich in einem leicht sauren Boden, umgeben von einer dichten Mulchdecke aus Laub, Rinde oder Stroh, besonders heimisch. Außerdem sind sie wandernde Pflanzen, die mit ihrem starken Nährstoffbedarf den Boden auslaugen und sich mit Hilfe ihrer Ableger neuen, unverbrauchten Boden suchen. Daher geben wir jedes Jahr ein altes, dreijähriges Erdbeerbeet auf und suchen für die neuen Ableger ein anderes, geeignetes Fleckchen, das wir mit reichlich Kompost und verrottetem Rinderdung auf die »Starkzehrer« vorbereiten. Belohnt wird unsere Mühe durch den herrlich süßen, würzigen Geschmack der dunkelroten Beeren, der jede wäßrige Begegnung mit den halbreif gepflückten, durch künstlichen Dünger aufgepeppten Kaufhausfrüchten sofort vergessen läßt.

Der Biß in die erste reife Erdbeere des Jahres gehört zu den allerschönsten Gartengenüssen! Die ersten Tage der Erdbeerernte brauchen wir deshalb auch, um uns an den fruchtigen Beeren erst einmal so richtig satt zu essen. Erst dann überlegen wir, was wir mit ihnen sonst noch so anstellen könnten, und halten nach geeigneten Rezepten Ausschau. Dabei müssen wir nicht immer gleich zur Schlagsahne greifen. Die fruchtigen Beeren passen sehr gut zu Buttermilch, Quark und anderen leichten Zutaten, die uns an heißen Junitagen besonders willkommen sind.

Erdbeer-Buttermilch-Kuchen

250 g Weizenvollkornmehl
1 TL Backpulver
3½ EL Honig
1 Prise Salz
3 Eier
100 g weiche Butter oder Margarine
¼ l Buttermilch
2 TL Johannisbrotkernmehl
abgeriebene Schale einer
  unbehandelten Zitrone
500 g Erdbeeren
3 EL Kürbiskerne, gehackt

Mehl, Backpulver, eineinhalb Eßlöffel Honig, Salz, ein Ei und Butter bzw. Margarine zu einem Teig verkneten und eine halbe Stunde kühlstellen. Den Boden einer gefetteten Spring-form oder runden, flachen Auflauf-form mit dem Teig auslegen. Bei 180 – 200° C 25 Minuten backen. Buttermilch, Johannisbrotkernmehl, zwei Eßlöffel Honig, Zitronenschale und zwei Eier verquirlen. Erdbeeren auf dem vorgebackenen Teig vertei-len. Eiermilch darübergießen und weitere 25 Minuten backen. Mit den Kürbiskernen bestreuen.

Ein leichter Kuchen für heiße Junitage, den wir – in einer runden, flachen Auflaufform gebacken – auch sehr gut mit zum Picknick nehmen können.

Erdbeer-Buttermilch-Speise

250 g Erdbeeren
¼ l Buttermilch
Saft einer halben Zitrone
1 EL Honig
3 – 4 TL Johannisbrotkernmehl

Die Hälfte der Erdbeeren im Mixer pürieren oder mit einer Gabel zerdrücken. Mit Buttermilch, Zitro-nensaft, Honig und Johannisbrotkern-mehl verrühren. In Dessertgläser verteilen oder in eine Schüssel füllen und stocken lassen. Mit den restlichen Beeren garnieren.

31

Erdbeeren in Portwein-Gelee

500 g Erdbeeren
4 EL Johannisbeergelee
3 Likörgläser Portwein
1 Apfelsine

Erdbeeren in Dessertgläser verteilen oder in eine Schüssel geben. Johannisbeergelee mit Portwein verrühren und über die Erdbeeren gießen. Apfelsine auspressen und den Saft darüber träufeln. Dessert kaltstellen und eine Stunde durchziehen lassen.

Das sättigende Hirse-Soufflé befördert diese Quarkspeise zum leckeren Hauptgericht. Genau das Richtige für einen frühsommerlichen Spätfrühlingstag!

Erdbeerquark mit Hirse-Soufflé

150 g Hirse
½ TL Salz
2 Eier
2 EL Honig
100 g gehackte Mandeln
250 g Quark
⅛ l Milch
1 Vanilleschote
500 g Erdbeeren
4 EL Ahornsirup

Hirse in einem halben Liter Wasser mit dem Salz etwa 25 Minuten bei geringer Hitze ausquellen und anschließend abkühlen lassen. Eier trennen. Das Eigelb, den Honig und die gehackten Mandeln unter die Hirse rühren. Das Eiweiß sehr steif schlagen und vorsichtig unter die Hirsemasse heben. In eine flache, gefettete Auflaufform füllen und bei etwa 180° C 30 Minuten backen. Den Quark mit der Milch und dem Vanillemark vermischen. Erdbeeren vierteln und unter den Quark rühren. Mit Ahornsirup süßen und zu dem Soufflé servieren.

Erdbeer-Sorbet

300 g Erdbeeren
2 EL Vollrohrzucker
1 EL Zitronensaft
einige Zweige Minze oder
*   Zitronenmelisse*

Die Beeren mit dem Zucker und dem Zitronensaft im Mixer oder mit dem Pürierstab pürieren und durch ein feines Sieb streichen. In eine Schüssel geben und in den Tiefkühlschrank stellen. Alle zehn bis fünfzehn Minuten mit einem Schneebesen, später dann mit einem Löffel umrühren, damit sich keine großen Eiskristalle bilden. Nach etwa eineinhalb bis zwei Stunden mit einem Spritzbeutel in Dessertgläser spritzen oder mit einem Eislöffel Kugeln formen. Mit Minze oder Zitronenmelisse garnieren.
Zu festlichen Anlässen können wir das Sorbet in Sektgläser geben und mit Sekt auffüllen.

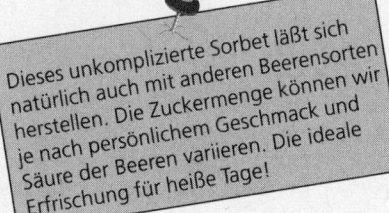
Dieses unkomplizierte Sorbet läßt sich natürlich auch mit anderen Beerensorten herstellen. Die Zuckermenge können wir je nach persönlichem Geschmack und Säure der Beeren variieren. Die ideale Erfrischung für heiße Tage!

Erdbeer-Gratin

¼ l Milch
½ Vanilleschote
2 EL Honig
etwas Salz
4 TL Vollkorngrieß
2 Eier
250 g Magerquark
300 g Erdbeeren

Milch mit ausgekratztem Vanillemark, Honig und Salz zum Kochen bringen. Grieß einrühren, etwa fünf Minuten leise köcheln und anschließend abkühlen lassen. Eier trennen. Eigelb und Quark unter den Grieß rühren. Eiweiß sehr steif schlagen und vorsichtig unterheben. Die Erdbeeren in eine breite Auflaufform oder vier ofenfeste Dessertschüsseln geben. Mit der Grieß-Quark-Creme bedecken. Bei 250° C etwa zehn Minuten überbacken, bis die Oberfläche schön gebräunt ist. Sofort servieren.

Sommer

Jede Menge Sommerbeeren

Wenn an den Johannis-, Stachel- und
Himbeersträuchern die ersten
Früchte reifen, beginnt für
mich die schönste Zeit des
Gartenjahrs.
Dabei erscheint mir die
reiche Beerenernte immer
wieder wie ein Wunder, weil
die Sträucher das ganze Jahr
über so wenig Pflege brauchen.
Ein paar Schaufeln Kompost oder
verrotteten Mist, eine ständige
Mulchdecke, die den Boden
feucht hält und die flachen Wurzeln schützt, sowie ein kräftiger
Winterschnitt – für diesen geringen
Aufwand belohnen sie uns Sommer
für Sommer mit prallreifen, leckeren
und gesunden Früchten. Nun brauchen wir nur noch von Strauch zu
Strauch zu gehen, um uns satt zu
naschen.
Was könnte köstlicher sein, als eine
Traube reifer roter, weißer oder
schwarzer Johannisbeeren in den
Mund gleiten zu lassen oder eine
dünnhäutige, zuckersüße Stachel-
beere auszusaugen? Meine absoluten
Lieblingsfrüchte allerdings sind die
Himbeeren.
Im Garten meiner Eltern gab es eine
mehrreihige Himbeerhecke, in die
ich als Kind eintauchte wie in eine
eigene Welt, weit weg von der Wirklichkeit, nur noch von summenden
Insekten und einem rot-grünen
Himbeerdschungel umgeben.

»Die hohen Himbeerwände
Trennten dich und mich,
Doch im Laubwerk unsre Hände
Fanden von selber sich«,

las ich später in einem Liebesgedicht
von Theodor Fontane – und verstand
sofort, welches Gefühl ihn zu diesen
Versen inspiriert haben muß! Das
Gedicht geht weiter:

»Ach, schrittest du durch den Garten
Noch einmal im raschen Gang
Wie gerne wollt ich warten,
Warten stundenlang.«

Lecker-lockerer Himbeerauflauf

3 altbackene Vollwertbrötchen
¼ l warme Milch
3 Eier
4 EL Ahornsirup
100 g Mandeln, gemahlen
3 EL weiche Butter oder Margarine
250 g Himbeeren

Die Brötchen in der Milch einweichen. Eier trennen. Eigelb, Sirup,
Mandeln und Butter oder Margarine
mit den Brötchen verrühren. Eiweiß
sehr steif schlagen. Gemeinsam mit
den Himbeeren vorsichtig unter den
weichen Teig heben. In eine gefettete Auflaufform geben und bei
180 – 200° C etwa 30 Minuten
backen.

Angersteiner Spezialtrunk

300 g schwarze Johannisbeeren
300 g Vollrohrzucker
1 EL Kümmel
1 EL Fenchelsamen
1 TL Anissamen
1 l klarer Korn

Schwarze Johannisbeeren waschen,
abzupfen und sehr gut abtropfen
lassen. In eine große, breithalsige
Flasche geben. Zucker und Gewürze
darüberstreuen. Mit Korn aufgießen
und gut verschließen. Alle zwei
Wochen kräftig schütteln oder umrühren. Nach etwa sechs Wochen
durch ein feines Leinentuch filtern
und in Flaschen füllen.

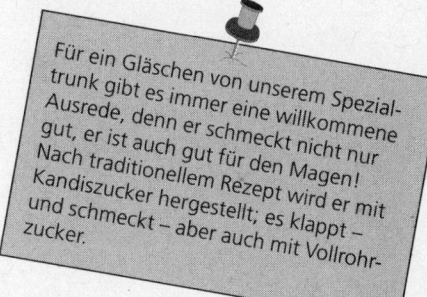

Für ein Gläschen von unserem Spezial-
trunk gibt es immer eine willkommene
Ausrede, denn er schmeckt nicht nur
gut, er ist auch gut für den Magen!
Nach traditionellem Rezept wird er mit
Kandiszucker hergestellt; es klappt –
und schmeckt – aber auch mit Vollrohrzucker.

Reisauflauf mit roten Johannisbeeren

½ l Milch
1 Prise Salz
150 g Vollkornreis (Rundkorn)
2 Eier
½ Päckchen Puddingpulver Vanille
5 EL Honig
6 EL Milch
1 EL Rum
abgeriebene Schale einer
*   unbehandelten Zitrone*
375 g rote Johannisbeeren

Milch mit Salz zum Kochen bringen, Reis hineingeben, etwa 45 Minuten leise köcheln und anschließend auf der abgeschalteten Platte ausquellen lassen. Eier trennen. Puddingpulver mit Honig, Eigelb und Milch verrühren und alles mit dem Reis vermischen. Rum, Zitronenschale und Johannisbeeren unterrühren. Eiweiß sehr steif schlagen und vorsichtig unter die Reismasse heben. In eine gefettete Auflaufform füllen und bei 180 – 200° C etwa 45 Minuten backen.

Rote Grütze kann auf vielerlei Weise zubereitet werden. Mal wird sie mit Sago, Grieß oder Stärkemehl angedickt, mal mit Vanilleeis, warmer Vanillesauce oder flüssiger Sahne serviert. Dies ist das kaloriensparendste und fruchtigste Rezept, das ich bisher kennengelernt habe:

Rote Grütze

¼ l Apfelsaft
¼ l Kirschsaft
4 TL Johannisbrotkernmehl
500 g gemischte Beeren
200 g Vanille-Joghurt
¼ l Buttermilch

In einer großen Schüssel Apfel- und Kirschsaft mit dem Johannisbrotkernmehl glattrühren, Beeren untermischen und andicken lassen. Vanille-Joghurt und Buttermilch verrühren und in einem Krug dazu servieren.

Stachelbeer-Streuselkuchen

350 g Weizenvollkornmehl
2 TL Backpulver
100 g Vollrohrzucker
1 Prise Salz
175 g kalte Butter oder Margarine
1 Ei
½ Vanilleschote, ausgekratzt
400 ml Milch
1 Päckchen Vanillepuddingpulver
1 EL Honig
150 g saure Sahne
500 g Stachelbeeren

Mehl mit Backpulver, Zucker und Salz mischen. Butter oder Margarine in kleinen Flöckchen darauf verteilen und mit dem elektrischen Schneebesen zu einer krümeligen Masse verarbeiten. Ei, Vanillemark und einen Eßlöffel Milch zugeben und zu einem glatten Teig verkneten. Den Teig zu einer Kugel formen und an einem kühlen Ort ruhen lassen. Aus der restlichen Milch, dem Puddingpulver und einem Eßlöffel Honig nach der Packungsanleitung einen Pudding kochen, abkühlen lassen und mit der sauren Sahne verrühren. Die Hälfte des Teigs auf dem Boden einer gefetteten Springform verteilen. Den Pudding darüberstreichen und mit den Stachelbeeren belegen. Aus dem restlichen Teig Streusel krümeln und die Stachelbeeren damit bedecken. Bei 180 – 200° C etwa 60 Minuten backen.

Himbeer-Essig

1 kg Himbeeren
¾ l Weißweinessig

Himbeeren zerdrücken, Essig unterrühren und zugedeckt sechs Tage stehenlassen. Dabei jeden Tag mit einem Holzlöffel umrühren.
Danach das Himbeer-Essig-Mus durch ein Nesseltuch in eine Schüssel abtropfen lassen. Den Essig in hübsche Flaschen füllen und verschlossen aufbewahren.

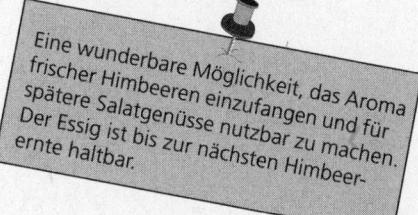

Eine wunderbare Möglichkeit, das Aroma frischer Himbeeren einzufangen und für spätere Salatgenüsse nutzbar zu machen. Der Essig ist bis zur nächsten Himbeerernte haltbar.

Dunkle Süße in schwindelnder Höhe: Kirschen

Im Frühling schweben seine weißen Blüten über unserem Garten wie eine bauschige Schönwetterwolke, im Hochsommer lockt er uns mit seinen tiefroten Früchten – ein Kirschbaum sollte eigentlich in keinem Garten fehlen.

Süßkirschbäume sind meist uralte Veteranen. Sie können bis zu 100 Jahre alt und 20 Meter hoch werden, und irgendwie scheinen sie es immer so einzurichten, daß die dunkelsten und süßesten Früchte in unerreichbarer Höhe hängen, so daß uns trotz waghalsiger Kletterpartien nichts anderes übrig bleibt, als uns in Demut zu üben und sie den Vögeln zu überlassen.

Sauerkirschbäume nehmen sehr viel weniger Platz ein und sind daher, wenn sie im Winter regelmäßig beschnitten werden, auch für kleinere Gärten gut geeignet. Außerdem sind sie im Gegensatz zu den Süßkirschbäumen, die stets mindestens zu zweit gepflanzt werden müssen, selbstfruchtbar, so daß ein Baum im Garten genügt.

Berechtigt ist übrigens die Warnung unserer Großmütter, nach dem Genuß von rohen Kirschen kein Wasser zu trinken, denn das kann zu bösen Magenverstimmungen und Durchfall führen. Aber zum Glück gibt es ja noch viele anderen Zutaten, mit denen wir Süß- und Sauerkirschen zu leckeren Speisen kombinieren können.

Schneewittchenspeise

2 Scheiben Pumpernickel oder
schwarzes Vollkornbrot
70 g zartbittere Schokolade,
grob geraspelt
750 g Süßkirschen, entsteint
250 g Magerquark
⅛ l Milch
1 Vanilleschote
1 EL Honig

Pumpernickel oder Vollkornbrot fein
zerbröseln, mit Schokoraspeln vermischen und in eine Glasschüssel geben
oder auf vier Glasschälchen verteilen. Kirschen auf die Brotmischung
geben. Quark mit Milch, ausgekratztem Vanillemark und Honig zu einer
glatten Creme verrühren und über
die Kirschen streichen. Mit ein paar
Kirschen und Schokoraspeln garnieren.

»Weiß wie Schnee, rot wie Blut,
schwarz wie Ebenholz« – so wünschte
sich die Märchenkönigin die kleine
Tochter, die sie bald zur Welt bringen
sollte. In meiner nordhessischen
Heimat, wo die Märchen der Brüder
Grimm ihren Ursprung haben, gilt als
ausgemacht, daß die Lieblingsspeise der
kleinen Prinzessin die gleichen Farben
hatte. In einer transparenten Glasschüssel kommt dieses Dessert daher
am besten zur Geltung.

Samba-Reis
mit Sauerkirschen

½ l Milch
1 Prise Salz
4 EL Samba-Haselnußbrotaufstrich
150 g Vollkornreis (Rundkorn)
4 Eier
2 EL Honig
4 EL gemahlene Haselnüsse
2 EL Vollrohrzucker
500 g Sauerkirschen, entsteint

Milch mit Salz aufkochen, Samba-
Haselnußbrotaufstrich einrühren und
schmelzen lassen. Reis dazugeben,
bei geringer Hitze etwa eine Dreiviertelstunde leise köcheln und anschließend auf ausgeschalteter Platte
ausquellen lassen. Eier trennen.
Eigelb und Honig schaumig rühren.
Haselnüsse einstreuen und alles mit
dem Reis vermischen. Eiweiß mit
dem Zucker sehr steif schlagen. Die
Hälfte davon mit den Kirschen unter
die Reismischung heben und in eine
gefettete Auflaufform geben. Bei
180 – 200° C etwa 30 Minuten
backen. Dann den restlichen Ei-
schnee aufstreichen und weitere
zehn Minuten backen, bis die Oberfläche leicht gebräunt ist.

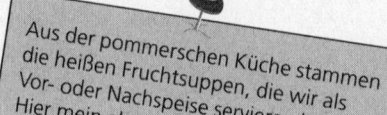

Aus der pommerschen Küche stammen die heißen Fruchtsuppen, die wir als Vor- oder Nachspeise servieren können. Hier mein absoluter Favorit:

Pommersche Kirsch-Klieben-Suppe

250 g Sauerkirschen mit Steinen
3 EL Vollrohrzucker
1 Zimtstange
150 g Weizenvollkornmehl

Kirschen mit einem Liter Wasser, Zucker und Zimt zum Kochen bringen. Einen Eßlöffel Mehl mit dem Schneebesen einrühren, damit die Suppe etwas sämig wird. Das restliche Mehl mit ein bis zwei Eßlöffeln heißem Wasser vorsichtig zu kleinen Krümeln zerribbeln, die in Pommern »Klieben« heißen. In die kochende Suppe einstreuen und dabei gut mit einem Kochlöffel rühren, damit die Klieben nicht zusammenpappen. Einige Minuten garziehen lassen. Je nach Geschmack noch etwas nachsüßen.

Merxhäuser Kirschpfanne

150 g Weizenvollkornmehl
150 g Vollkorngrieß
3 TL Backpulver
60 g Butter oder Margarine
6 EL Honig
2 Eier
5 kleine bittere Mandeln,
* fein gerieben*
3 EL Milch
500 g Süßkirschen, entsteint

Mehl, Grieß und Backpulver mischen. Mit Butter oder Margarine, Honig, Eiern, Mandeln und Milch zu einem geschmeidigen Teig verrühren. Kirschen unterheben und die Masse in eine gefettete Kastenform oder Auflaufform geben. Bei 180 – 200° C etwa 60 Minuten backen.

Die Kirschpfanne schmeckt am besten ganz frisch und noch warm zu Tee oder Kaffee oder mit Vanillesauce als leckerer, nahrhafter Nachtisch.

Jerry's Favorite (Sauerkirschwähe)

150 g Weizenvollkornmehl
1 TL Backpulver
3 Eier
75 g Vollrohrzucker
75 g Butter oder Margarine
1 EL Semmelmehl
750 g Sauerkirschen, entsteint
¼ l Sahne
1 ½ TL Johannisbrotkernmehl
3 EL Honig
1 Vanilleschote, ausgekratzt

Mehl und Backpulver mischen. Mit einem Ei, Zucker und Butter oder Margarine zu einem glatten Teig verkneten. Zwei Drittel des Teigs auf dem Boden einer gefetteten Springform ausrollen, das restliche Drittel zu einer langen Schlange rollen und daraus einen vier bis fünf Zentimeter hohen Rand formen. Semmelmehl auf den Teigboden streuen. Kirschen darübergeben und bei 180 – 200° C etwa 25 Minuten backen. Sahne, Johannisbrotkernmehl, Honig, Vanillemark und zwei Eier verquirlen, auf die Kirschen geben und bei 180 – 200° C noch einmal etwa 40 Minuten backen.

Feurige Wodkakirschen

500 g Sauerkirschen (mit Steinen)
250 g Vollrohrzucker
1 Vanilleschote, fein geschnitten
1 Flasche Wodka

Kirschen mit Zucker und Vanille vermischen, in ein großes Glas geben, mit dem Wodka übergießen und gut verschließen. Alle zwei Wochen kräftig schütteln oder umrühren. Mindestens zwei Monate ziehen lassen.

Eine gute Möglichkeit, die Glut des Sommers einzufangen, um sich an kalten Herbst- und Winterabenden daran zu laben. Nach traditionellem Rezept werden die Kirschen mit Kandiszucker hergestellt; sie schmecken aber auch mit Vollrohrzucker.

Knackig, saftig, gesund: Möhren

Selbst angebaute Möhren sind unübertroffen süß und saftig, und am allerbesten schmecken sie – frisch aus der Erde gezogen und kurz mit Wasser abgespült – gleich auf der Gartenbank! Roh sind sie natürlich auch am gesündesten, enthalten viel Carotin, die Vorstufe zu Vitamin A, und wertvolle Mineralstoffe wie Kalzium, Fluor, Kalium, Phosphor und Magnesium.

Die uralte Kulturpflanze gehört zur Familie der Doldenblütler und gedeiht am besten in lockerem, sandigem Boden. Viele Sorten können schon im März ausgesät werden, doch dauert es lange, bis der Samen keimt (manchmal bis zu vier Wochen), so daß wir Radieschen als Markierungssaat untermischen, damit wir nicht aus Versehen in unsere Möhrensaat hacken. Ab Juli können wir dann Möhren ernten. Wir nehmen immer nur so viel, wie wir brauchen, und ernten vor allem dort, wo die Pflanzen eng stehen. Späte Sorten bleiben im Herbst so lange wie möglich auf dem Beet. Für den Winter können wir sie in Sand einschlagen und im Keller oder einem anderen kühlen Raum aufbewahren.

Gegen die Möhrenfliege hat sich eine Mischkultur mit Zwiebeln, Lauch, Tagetes und Ringelblumen bewährt. Außerdem können wir beim Aussäen auch gleich ein paar Dillsamen untermischen.

Möhren aus dem Biogarten brauchen wir nur kräftig abzuschrubben. Wegen ihrer natürlichen Süße sind sie auch für Kuchen wie die klassische Schweizer Rüebli-Torte geeignet. In den USA, wo gern süße und herzhafte Sachen gleichzeitig gegessen werden, wird eine kräftige Prise Zucker ins Kochwasser des Möhrengemüses gegeben, oder es wird mit Honig glasiert, der das süße Aroma der Möhren harmonisch ergänzt. Aber auch für deftige Gerichte ist das rote Wurzelgemüse geeignet – der Phantasie sind keine Grenzen gesetzt.

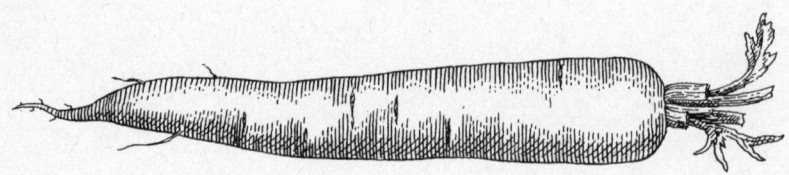

Frischer Möhren-Salat

500 g Möhren, fein geraspelt
2 säuerliche Äpfel, fein geraspelt
5 EL Haselnüsse, gerieben
1 Zitrone
3 EL Öl
2 EL Honig
1 TL Meerrettich, gerieben
etwas Salz

Möhren, Äpfel und Haselnüsse vermischen, mit dem ausgepreßten Saft
der Zitrone begießen. Aus Öl, Honig,
Meerrettich und einer Prise Salz eine
Marinade herstellen und den Salat
darin gut durchziehen lassen.

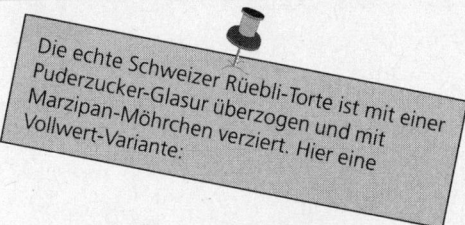

Die echte Schweizer Rüebli-Torte ist mit einer Puderzucker-Glasur überzogen und mit Marzipan-Möhrchen verziert. Hier eine Vollwert-Variante:

Schweizer Rüebli-Torte

4 Eier
200 g Honig
Saft und Schale von ½ Zitrone
300 g rohe Möhren, fein geraspelt
300 g geriebene Mandeln
60 g Weizenvollkornmehl
1 Prise Salz
1 TL Backpulver

Eigelb und Honig schaumig rühren,
nacheinander Zitronensaft und
-schale, Möhren, Mandeln, Mehl,
Salz und Backpulver unterrühren.
Eiweiß steif schlagen und vorsichtig
unterziehen. Den Teig in eine
gefettete Springform geben und bei
180° C etwa 40 – 50 Minuten
backen.

Susannes Möhren-Rohkost-Kuchen

1 Tasse getrocknete Datteln
1 Tasse getrocknete Feigen
1 Tasse Rosinen
500 g Möhren
1 Tasse gemahlene Haselnüsse
oder Mandeln
1 Tasse Haferflocken
1 Tasse Sesammus
1 Vanilleschote
etwas Zimt
2 EL Mohn oder Kokosraspeln

Trockenfrüchte etwa zwei Stunden in Wasser einweichen, anschließend im Mixer oder mit dem Pürierstab fein pürieren. Möhren ganz fein raspeln und mit den anderen Zutaten (außer Mohn oder Kokosraspeln) verkneten. Ist die Masse zu fest, noch etwas von dem Einweichwasser der Trockenfrüchte dazugeben. Als Kuchen formen. Mit Mohn oder Kokosraspeln verzieren. Einige Stunden in den Kühlschrank stellen. Am besten schmeckt der Rohkost-Kuchen am nächsten Tag und mit einer ordentlichen Portion Schlagsahne.

Eine originelle und supergesunde Energiebombe, von der bisher noch bei keinem Kaffeeklatsch ein Krümelchen übriggeblieben ist.

Möhren-Tofu-Gratin mit Gorgonzola

750 g Möhren
500 g geräucherter Tofu
1 Tasse Brühe
100 ml Schlagsahne
250 g Gorgonzola

Möhren schälen und längs vierteln. In wenig Wasser etwa 20 Minuten dünsten. Gut abtropfen lassen und in eine gefettete Auflaufform geben. Tofu in schmale Streifen schneiden und über die Möhren streuen. Mit Brühe und Sahne übergießen. Gorgonzola in Flocken darauf setzen. Bei 180 – 200° C etwa 25 Minuten backen.

Möhren-Lasagne

800 g Möhren
8 Lasagne-Blätter
2 EL Butter oder Margarine
4 EL Weizenvollkornmehl
2 Tassen Gemüsebrühe
1 Tasse Milch
100 g Emmentaler, gerieben
3 EL Senf
Zitronensaft
Salz, Pfeffer

Die Möhren längs halbieren und in etwa drei bis vier Zentimeter lange Stücke schneiden. In Salzwasser drei Minuten kochen, abtropfen lassen. Lasagne-Blätter nach der Packungsanweisung vorkochen. Butter oder Margarine erhitzen, Mehl dazugeben und andünsten. Brühe und Milch zugießen und einmal aufkochen lassen. Käse und Senf unterrühren. Die Sauce mit Zitronensaft, Salz und Pfeffer abschmecken. Vier Lasagne-Blätter in eine breite, gefettete Auflaufform legen. Die Hälfte der Möhren darauf verteilen und mit der Hälfte der Sauce bedecken. In der gleichen Reihenfolge noch einmal jeweils eine Schicht darübergeben. Bei 180 – 200° C etwa 30 Minuten backen.

Möhrenbrot

1 EL Vollrohrzucker
1 Päckchen Trockenhefe
1 Tasse Orangensaft, lauwarm
2 EL Honig
2 EL Öl
1 TL Salz
500 g Weizenvollkornmehl
1 Tasse fein geraspelte Möhren
1 Ei

Zucker und Hefe mit dem lauwarmen Orangensaft mischen und eine halbe Stunde stehenlassen. Honig, Öl und Salz verquirlen, die Hälfte des Mehls und Hefemischung unterrühren. Möhren und Ei hinzufügen und gut vermischen. Zum Schluß das restliche Mehl unterkneten. Sollte der Teig zu stark kleben, noch etwas Mehl dazugeben. An einem warmen Ort anderthalb bis zwei Stunden gehen lassen. Noch einmal kräftig durchkneten und in eine große, gefettete Kastenform geben. Ein letztes Mal 30 – 40 Minuten gehen lassen. Bei 180 – 200° C etwa 45 Minuten backen.

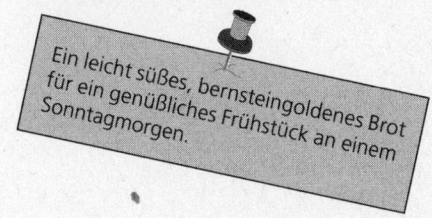

Ein leicht süßes, bernsteingoldenes Brot für ein genüßliches Frühstück an einem Sonntagmorgen.

Eiweiß satt: Erbsen und Bohnen

Erbsen und Bohnen gehören zur Familie der Hülsenfrüchte oder Leguminosen. Zwei besondere Eigenschaften sorgen dafür, daß diese Pflanzen im Biogarten eine wichtige Rolle spielen: Ihre Wurzeln reichern den Boden mit Stickstoff an, so daß sie als natürlicher Gründünger wirken. Und ihre Früchte sind als zuverlässige Eiweißlieferanten für Vegetarierinnen und Vegetarier besonders interessant. Anders als Bohnen, die wir wegen des Giftstoffs Phasin niemals roh essen dürfen (der Giftstoff zerfällt beim Kochvorgang), schmecken junge Erbsen, vor allem Markerbsen, am besten direkt aus der Schote. Am zartesten und süßesten sind die Markerbsen, etwas robuster die Palerbsen, die wir auch trocknen können; die selteneren Zuckererbsen werden mitsamt der Schote gegessen. Weil sich der in den frischen Erbsen enthaltene Zucker rasch in Stärke umwandelt, sollten wir sie möglichst gleich nach der Ernte verwenden.

Auch bei den Bohnen gibt es eine große Typenvielfalt. Bei den aus Amerika stammenden Gartenbohnen unterscheiden wir zwischen der grünen Buschbohne, der gelben Wachsbohne, der Stangenbohne und der Prunk- oder Feuerbohne. Die kälteunempfindliche dicke Bohne dagegen, manchmal auch Puff- oder Saubohne genannt, ist eine uralte europäische Kulturpflanze. Sie war wegen ihres extrem hohen Eiweißgehalts im Mittelalter Hauptnahrungsmittel der Armen, ehe sie von der aus Amerika kommenden Kartoffel verdrängt wurde. Vielleicht liegt es an dieser Geschichte, daß sie bis heute als ländlich-plumpes, eher altmodisches Gemüse gilt – ein Grund mehr, sie für neue Rezepte wiederzuentdecken!

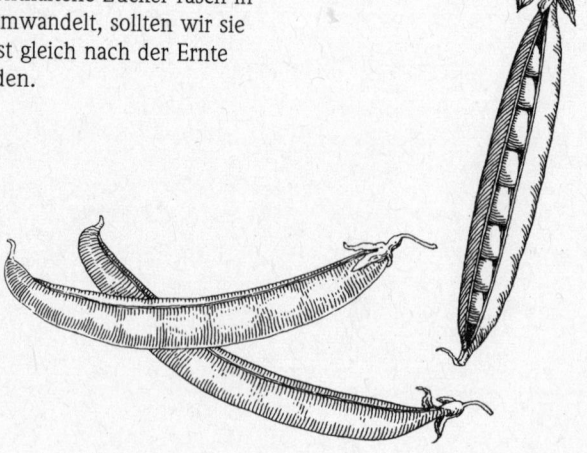

Bunte Bohnensuppe
mit Pesto

5 Möhren, gewürfelt
1 Lauch, in feine Streifen
geschnitten
2 Zwiebeln, gehackt
2 EL Butter oder Margarine
4 Kartoffeln, gewürfelt
250 g frische dicke Bohnen
Kräutersalz
1 Handvoll Spinat- oder
Mangoldblätter, in feine
Streifen geschnitten
250 g grüne Bohnen
1 kleine Zucchini,
in dünne Scheiben geschnitten

Pesto:
3 Knoblauchzehen, zerdrückt
1 TL Salz
½ Tasse Basilikum,
sehr fein gewiegt
1 Tomate
8 EL Parmesan, frisch gerieben
8 EL Olivenöl

Möhren, Lauch und Zwiebeln in der Butter oder Margarine glasig dünsten. Eineinhalb Liter Wasser zugießen, Kartoffeln, dicke Bohnen und eineinhalb Teelöffel Kräutersalz hinzufügen und etwa 30 Minuten leise köcheln lassen.

In der Zwischenzeit Pesto zubereiten: Knoblauch mit einem Teelöffel Salz vermischen, Basilikum untermischen. Tomate mit kochendem Wasser überbrühen, schälen, harten Stielansatz und Samen herauslösen, mit einer Gabel zerdrücken und gemeinsam mit dem Parmesan ebenfalls unterrühren. Nach und nach das Olivenöl unterschlagen und kaltstellen.

Nochmals einen Liter Wasser in die Suppe geben. Spinat, grüne Bohnen und Zucchini zufügen und weitere 10 – 15 Minuten garen. Mit Salz und Pfeffer abschmecken.

Ihren mediterranen Flair verdankt diese leckere Bohnensuppe dem Pesto, einer Basilikum-Knoblauch-Paste, die wir entweder gleich in die Suppe einrühren oder separat servieren können, so daß jede und jeder sie nach eigenem Geschmack hinzufügen kann.

Three-Bean Salad (Salat von dreierlei Bohnen)

300 g grüne Bohnen
300 g gelbe Bohnen (Wachsbohnen)
300 g frische dicke Bohnen
1 grüne Paprika, fein gewürfelt
2 rote Zwiebeln, grob gehackt
1 Knoblauchzehe, zerdrückt
140 ml Essig
1 EL Honig
4 EL Olivenöl
½ TL Worcestersauce
Salz, Pfeffer

Bohnen in Salzwasser 15 – 20 Minuten garen und abkühlen lassen. Mit Paprika und Zwiebeln mischen. Die restlichen Zutaten zu einer Salatsauce vermischen und unterrühren. Mit Salz und Pfeffer abschmecken.

Ein amerikanischer Klassiker und eine wahre Eiweißbombe! Die dicken Bohnen lassen sich auch durch Kidney-Bohnen ersetzen. Wer getrocknete Bohnen verwendet, sollte daran denken, sie am Vorabend einzuweichen.

Ligurisches Bohnen-Nudel-Gericht

300 g grüne Bohnen
4 Kartoffeln, geschält und
*   in Scheiben geschnitten*
200 g Vollkorn-Röhrennudeln
4 EL Parmesan, frisch gerieben
2 – 4 Knoblauchzehen
½ Tasse fein gehackte Kräuter
*   (z. B. Petersilie, Basilikum,*
*   Oregano, Thymian)*
4 EL Olivenöl
1 EL Zitronensaft
Salz, Pfeffer

In einem großen Topf fünf Liter Wasser zum Kochen bringen. Grüne Bohnen hineingeben und etwa zehn Minuten kochen lassen. Kartoffeln und Nudeln dazugeben und weitere acht Minuten garen, dann abgießen (zehn Eßlöffel vom Kochwasser aufbewahren). Parmesan, Knoblauch, Kräuter, Öl und Zitronensaft vermischen, mit Salz und Pfeffer kräftig würzen. Das Kochwasser unterrühren und alles unter die heißen Nudeln mischen.

Gewürzreis mit Erbsen

2 Tassen enthülste Erbsen
2 Zwiebeln, gehackt
4 EL Butter oder Margarine
1 Knoblauchzehe, zerdrückt
10 ganze Kardamomsamen
10 ganze Pimentkörner
10 ganze Nelken
1 Zimtstange
3 Tassen Vollkornreis
6 Tassen Wasser
½ Tasse Rosinen
½ Tasse Mandeln

Erbsen etwa fünf Minuten in kochendem Salzwasser blanchieren und beiseite stellen. Zwiebeln in der Butter oder Margarine glasig dünsten. Knoblauch, Gewürze und Reis zugeben und etwa fünf Minuten weiterdünsten. Sechs Tassen Wasser zugießen und bei geringer Hitze leise köcheln lassen, bis das Wasser völlig aufgesogen worden ist. Rosinen, Mandeln und Erbsen unter den Gewürzreis heben und sofort servieren.

Erbsen-Nudel-Soufflé

100 g feine Vollkorn-Suppennudeln
3 EL Butter oder Margarine
2 EL Weizenvollkornmehl
¼ l Milch
100 ml Schlagsahne
300 g Erbsen
1 Bund Petersilie, fein gehackt
1 TL Kräutersalz
Pfeffer
½ TL Koriander, gemahlen
4 Eier
200 g Greyerzer, frisch gerieben

Nudeln in reichlich Salzwasser bißfest garen. Butter zerlassen, Mehl darin anschwitzen, Milch unterrühren und aufkochen lassen. Abgetropfte Nudeln, Sahne, Erbsen und Petersilie untermischen. Mit Kräutersalz, Pfeffer und Koriander würzen. Eier trennen. Eigelb und Käse unterrühren. Eiweiß steif schlagen und vorsichtig unter die Masse heben. In eine gefettete Auflaufform geben und bei 180 – 200° C etwa 35 Minuten backen. Sofort servieren!

Vornehme Gartengäste:
Blumenkohl und Brokkoli

Kohlgerichte verbinden viele Menschen mit »Arme-Leute-Essen« und deftiger Hausmannskost. Blumenkohl und Brokkoli allerdings gehören eindeutig zum vornehmeren Zweig der Familie – Mark Twain nannte sie »Köhle mit College-Ausbildung«. Es sind Züchtungen, bei denen die eigentlich zweijährigen Kohlpflanzen bereits im ersten Jahr zur Blüte kommen. Ihre Köpfe oder Röschen sind nichts anderes als unterentwickelte Blütenknospen.

Dem Blumenkohl ist allerdings sein edler Stand zu Kopf gestiegen. Mit seinen Star-Allüren ist er ein besonders heikler Gartengast. Er braucht einen schweren, reichen Boden und nimmt uns jede Wachstumsunterbrechung durch Wasser- oder Nährstoffmangel gründlich übel. Reichliche Kompostgaben und kontinuierliche Feuchtigkeit dagegen stimmen ihn gnädig. Wenn wir dann seine vornehme Blässe noch mit ein paar großen Blättern gegen die Sonne schützen, können wir uns auf eine köstliche Ernte freuen.

Sehr viel anspruchsloser und genügsamer ist der aus Italien stammende Brokkoli, der erst in den letzten Jahren Einzug in unsere Gärten und Kochtöpfe gehalten hat. Nach der Ernte des Haupttriebs bilden sich kleinere Seitentriebe, so daß wir bei späten Pflanzungen bis in den Spätherbst hinein Brokkoli ernten können.

Die meisten Blumenkohlrezepte lassen sich auch mit Brokkoli zubereiten – und umgekehrt. Die wenigsten wissen jedoch, daß wir beide auch roh verzehren können, weshalb wir den Reigen der Rezepte gleich mit einem Blumenkohlsalat beginnen wollen.

Blumenkohlsalat mit Haselnüssen

1 kleiner Blumenkohl
200 g Joghurt
½ TL Honig
etwas Salz, Pfeffer
Saft einer halben Zitrone
2 Handvoll Eichblatt-, Eisberg-
  oder Endiviensalat
1 Handvoll frische Kresse
1 Handvoll Haselnüsse

Vom gewaschenen Blumenkohl den Strunk entfernen und die Röschen in kleine Stücke schneiden. Joghurt mit Honig, Salz, Pfeffer und Zitronensaft verrühren und mit dem Blumenkohl vermischen. Etwa eine halbe Stunde durchziehen lassen. Blattsalat in dünne Streifen schneiden und zusammen mit der Kresse und den Haselnüssen unter den Blumenkohlsalat heben.

Blumenkohl in pikanter Reis-Tomaten-Sauce

35 g Vollkornreis
25 g Butter oder Margarine
1 Zwiebel, gehackt
2 Knoblauchzehen
1 Chili
1 TL Curry
250 g Tomaten, enthäutet und in
  Stücke geschnitten
1 Blumenkohl
1 TL gemahlenen Koriander

Den Reis bis 20 Minuten vor Ablauf der auf der Packung angegebenen Garzeit in wenig Salzwasser leise köcheln lassen. Butter in einem großen Topf erhitzen, Zwiebel, Knoblauch und Chili darin dünsten. Mit Curry würzen. Reiswasser abgießen und auf einen Viertelliter auffüllen. Wasser in den Topf gießen und aufkochen lassen. Tomaten, Reis, Blumenkohlröschen und Koriander zugeben und bei geschlossenem Topf etwa 20 Minuten leise köcheln lassen, bis der Blumenkohl und der Reis gar sind.
Dazu passen Getreidebratlinge, die z. B. aus der Grünkernfüllung für Zucchini (siehe Seite 79) zubereitet werden können.

Blumenkohlsuppe

1 großer Blumenkohl
2 EL Zitronensaft
½ Tasse Sellerie, fein gehackt
1 Stange Lauch, in feine Streifen
* geschnitten*
2 EL Butter oder Margarine
4 EL Weizenvollkornmehl
1 l Gemüsebrühe
100 ml Schlagsahne
Salz, Pfeffer, Muskat
2 TL Schnittlauch oder Dill,
* fein gehackt*

Ein Drittel des Blumenkohls in kleine Röschen zerteilen. In kochendem, mit einem Eßlöffel Zitronensaft vermischtem Salzwasser fünf Minuten blanchieren. Mit dem Schaumlöffel herausheben und zur Seite legen. Sellerie und Lauch in zwei Eßlöffeln Butter oder Margarine glasig dünsten. Mehl untermischen. Gemüsebrühe zugießen und zum Kochen bringen. Restlichen Blumenkohl in kleine Stücke schneiden, in die Suppe geben und etwa 15 Minuten köcheln lassen. Im Mixer oder mit dem Pürierstab pürieren. Sahne. unterrühren und mit Salz, Pfeffer, Muskat und restlichem Zitronensaft abschmecken. Blanchierte Blumenkohlröschen unterrühren und mit Schnittlauch oder Dill bestreuen.

Brokkoli-Soufflé

500 g Brokkoli
1½ Tassen Gemüsebrühe
2 EL Butter oder Margarine
1 EL Mehl
⅛ l Milch
4 Eier
100 g mittelalter Gouda, geraspelt
Pfeffer, Muskat, Kräutersalz

Brokkoliröschen abtrennen und in eine gefettete Auflaufform legen. Die Brokkolistiele kleinschneiden und in der Brühe etwa zehn Minuten weichkochen lassen. Mit dem Pürierstab pürieren. Die Butter oder Margarine erhitzen, Mehl darin anschwitzen, Milch zugießen und noch einmal kurz aufkochen lassen. Eier trennen. Eigelb mit dem Brokkolipüree und dem Gouda verrühren, mit Pfeffer, Muskat und Kräutersalz abschmecken. Eiweiß sehr steif schlagen, vorsichtig unter die Masse heben. Brokkoliröschen damit bedecken. Bei 180° C etwa 40 Minuten backen. Sofort servieren.

Brokkoli-Graupen-Gericht

2 Zwiebeln, gehackt
2 Möhren, in Würfel geschnitten
1 gelbe Paprika,
*   in Würfel geschnitten*
2 EL Butter oder Margarine
1 l Gemüsebrühe
150 g Perlgraupen
3 Tomaten, geschält und geviertelt
700 g Brokkoli, in mundgerechte
*   Stücke geschnitten*
Salz, Pfeffer, Muskat
80 g Greyerzer, gerieben
4 EL Hefe-Würzflocken

Zwiebeln, Möhren und Paprika in
Butter oder Margarine andünsten,
Gemüsebrühe zugießen, Graupen
einstreuen und eine Viertelstunde
leise köcheln lassen. Tomaten und
Brokkoli zugeben (bei Bedarf noch
etwas Flüssigkeit nachgießen) und
eine weitere Viertelstunde garen.
Mit Salz, Pfeffer und Muskat würzen. Käse unterrühren und kurz vor
dem Servieren mit den Hefe-Würzflocken bestreuen.

Brokkoli-Lasagne

400 g Brokkoli, klein geschnitten
1 Zwiebel, gehackt
2 EL Öl
250 g Champignons, in Streifen
2 Knoblauchzehen, zerdrückt
je 1½ TL Rosmarin und Majoran
Kräutersalz
250 Erbsen
30 g Butter
4 EL Mehl
¼ l Milch
Pfeffer, Muskat
1 Bund Petersilie, gehackt
10 grüne Lasagne-Platten
150 g Mozzarella, in Scheiben
100 g Parmesan, frisch gerieben

Brokkoli zehn Minuten in Salzwasser
kochen. Wasser abgießen und für die
Sauce aufheben. Zwiebel in Öl glasig
dünsten. Champignons und Knob-
lauch dazugeben. Mit Kräutern und
Kräutersalz würzen. Brokkoli und die
rohen Erbsen hinzufügen. Für die
Sauce Butter zerlassen, Mehl an-
schwitzen, unter kräftigem Rühren
erst die Milch, dann einen Viertelliter
Gemüsewasser dazugießen und zum
Kochen bringen. Mit Kräutersalz,
Pfeffer und Muskat abschmecken.
Petersilie einstreuen. Eine gefettete
Auflaufform zunächst mit einigen
Lasagne-Platten auslegen, darauf eine
Schicht Gemüse geben und mit
Sauce bedecken. So lange in der
gleichen Reihenfolge weiterschich-
ten, bis die Zutaten aufgebraucht
sind (oberste Schicht: Sauce).
Mit Mozzarella und Parmesankäse
bedecken. Bei 200 – 220° C etwa
30 Minuten backen.

Wertvolle Äpfel aus der Erde: Kartoffeln

Der Name »Kartoffel« stammt vom italienischen Wort »tartufolo« (»Trüffel«). Früher wurden die Kartoffeln bei uns »Erdäpfel« genannt – genau wie in Frankreich, wo sie bis heute »pommes de terre« heißen. Und tatsächlich sind biologisch angebaute Kartoffeln so knackig, saftig und gesund wie Äpfel, die unter der Erde wachsen, weshalb wir sie auch bedenkenlos mit der besonders nährstoffhaltigen Schale verzehren können. Ihr Anbau ist unproblematisch. Ein schon im Vorherbst mit Stallmist oder Gründüngung und Kompost gut vorbereitetes Beet, die bunte Gesellschaft von Ringelblumen und Kapuzinerkresse – und schon können wir uns auf eine gute Ernte freuen.

Wie die Tomate stammt die Kartoffel aus dem Hochland Südamerikas und wurde dort von den Inkas schon lange Zeit kultiviert, ehe die Spanier sie im 16. Jahrhundert nach Europa brachten. Hier stieß sie zunächst auf tiefes Mißtrauen. Weil die Bibel die fremdartige Pflanze nicht erwähnte, verdammten sie die Kirchenfürsten als »giftiges Teufelskraut«. Nur einige Adlige wagten es, sie der hübschen Blüten wegen in ihren Lustgärten anzupflanzen. Erst durch die Hungersnöte im Dreißigjährigen Krieg fand die Kartoffel auch in Deutschland größere Verbreitung.

Friedrich der Große erkannte ihren Wert als Volksnahrungsmittel und befahl ihren Anbau in Pommern und Schlesien.

In den letzten Jahren ging der Kartoffelverzehr in Westeuropa wieder zurück. Dies mag an unserem wachsenden Wohlstand liegen, der uns so viele »feinere« Lebensmittel beschert. Sicherlich hängt es aber auch mit dem völlig unberechtigten Ruf der Kartoffel als »Dickmacher« zusammen. In Wirklichkeit ist sie nämlich ein Schlankmacher, denn sie enthält wertvolle Nährstoffe – hochwertiges Eiweiß, Vitamine, Mineralien und Spurenelemente – und ist gleichzeitig äußerst kalorienarm.

Dick macht erst das Fett, das in Pommes frites, Kartoffelchips und Bratkartoffeln steckt. Aber zum Glück gibt es ja noch viele andere leckere Kartoffelgerichte...

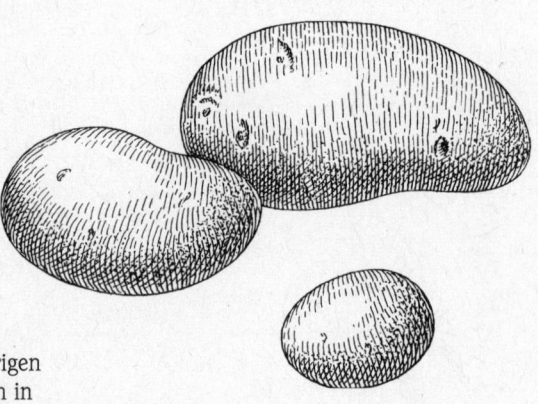

Gebackene Kartoffeln mit zwei verschiedenen Füllungen

Gebackene Kartoffeln, eine leckere Sauce als Füllung und dazu ein frischer Salat – eine einfache, aber leckere und gesunde Mahlzeit, die sich ohne großen Aufwand herstellen läßt und so manchen an die im Kartoffelfeuer auf dem Feld gegarten Erdäpfel erinnern mag. Am besten eignen sich große, mehlig kochende Kartoffeln, die kräftig abgebürstet und auf dem Blech je nach Größe 40 – 60 Minuten gebacken werden. Entgegen einer weitverbreiteten Gewohnheit ist es völlig überflüssig, die Kartoffeln zu diesem Zweck in Alufolie einzuwickeln. Im Gegenteil, ohne Folie wird die Schale herrlich trocken und kroß. Die gebackenen Kartoffeln werden längs eingeschnitten, etwas aufgebrochen, mit der jeweiligen Creme gefüllt und noch möglichst heiß serviert.

Camembertcreme

250 g Camembert
250 Magerquark
3 EL Öl
8 EL Milch
Salz, Pfeffer
1 TL Paprikapulver, edelsüß
1 Bund Lauchzwiebeln,
    in Ringe geschnitten

Camembert, Quark, Öl, und Milch im Mixer oder mit dem Pürierstab zu einer cremigen Sauce verrühren. Mit Salz, Pfeffer und Paprika abschmecken und mit den Zwiebelringen bestreuen.

Tofucreme

500 g Tofu
100 ml Schlagsahne
Salz, Pfeffer
2 EL Zitronensaft
1 Bund Radieschen, fein gewürfelt
1 Bund Dill, fein gehackt
100 g frische Sprossen (z. B.
    Radieschen, Rettich oder Kresse)

Tofu und Sahne im Mixer oder mit dem Pürierstab zu einer Creme verrühren. Mit Salz, Pfeffer und Zitronensaft abschmecken. Radieschen und Dill unterrühren. Mit den Sprossen bestreuen.

Kartoffel-Roggen-Auflauf

100 g Roggen (am Vortag in
¼ l Wasser einweichen)
3 große Zwiebeln, gehackt
2 EL Butter oder Margarine
4 Eier
200 g saure Sahne
750 g Kartoffeln, geschält und
grob geraspelt
Salz, Pfeffer
100 g Kümmelkäse (z. B. Tilsiter
oder Gouda mit Kümmel),
grob geraspelt

Roggen im Einweichwasser eineinhalb Stunden garen (eventuell
noch etwas Wasser nachgießen) und
beim Abkühlen ausquellen lassen.
Zwiebeln in der Butter oder Margarine glasig dünsten, Roggen unterrühren und kurz mitdünsten lassen.
Eier und saure Sahne verquirlen,
mit den geraspelten Kartoffeln vermischen und mit Salz und Pfeffer
kräftig würzen. In eine gefettete
Auflaufform Kartoffelmasse und
Roggen abwechselnd einschichten,
mit Käse bestreuen und bei
180 – 200° C etwa eine Stunde
backen.

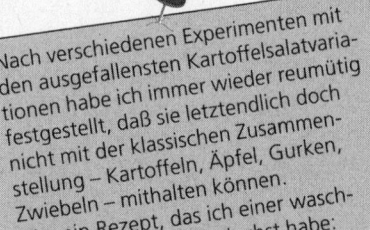

Nach verschiedenen Experimenten mit
den ausgefallensten Kartoffelsalatvaria-
tionen habe ich immer wieder reumütig
festgestellt, daß sie letztendlich doch
nicht mit der klassischen Zusammen-
stellung – Kartoffeln, Äpfel, Gurken,
Zwiebeln – mithalten können.
Hier ein Rezept, das ich einer wasch-
echten Berlinerin abgeluchst habe:

Helgas Kartoffelsalat

1 kg Pellkartoffeln,
in größere Würfel geschnitten
2 nicht zu säuerliche Äpfel,
fein gewürfelt
3 Gewürzgurken, fein gewürfelt
1 Zwiebel, fein gehackt
150 g Mayonnaise
150 g Joghurt
1 guter Schuß Gurkenwasser
1 TL Salz
Pfeffer
1 Bund Petersilie

Kartoffeln, Äpfel, Gurken und Zwiebel mischen. Mayonnaise, Joghurt,
Gurkenwasser und Salz zu einer
Sauce verrühren, nach Geschmack
mit Pfeffer würzen und unter
den Salat rühren. Einige Stunden
durchziehen lassen und eventuell
nachwürzen. Mit frischer Petersilie
bestreuen.
Zum Berliner Kartoffelsalat gehören
natürlich kalte Buletten. Eine vegetarische Alternative sind die aus der
Füllung für Zucchini hergestellten
Grünkernbratlinge (Rezept siehe
Seite 79), die auch kalt gut
schmecken.

Leckeres Kartoffelsüppchen

*750 g Kartoffeln, geschält
und in Würfel geschnitten
2 Zwiebeln, gehackt
2 EL Butter oder Margarine
½ l Gemüsebrühe
½ l Milch
2 Lauchzwiebeln,
in feine Ringe geschnitten
Salz, Pfeffer, gemahlener Kümmel
3 EL Sonnenblumenkerne
3 EL Kürbiskerne oder
grob gehackte Haselnüsse*

Kartoffeln und Zwiebeln in der Butter oder Margarine andünsten. Brühe und Milch zugießen, zum Kochen bringen und eine Viertelstunde köcheln lassen. Im Mixer oder mit dem Pürierstab pürieren. Lauchzwiebeln unterrühren und die Suppe mit Salz, Pfeffer und Kümmel abschmecken. Sonnenblumenkerne sowie Kürbiskerne oder Haselnüsse ohne Fett in einer Pfanne anrösten und über die Suppe streuen.

Würziges Kartoffelbrot

*90 g Roggenmehl
360 g Weizenvollkornmehl
2 TL Trockenhefe
150 g Kartoffeln,
gekocht und zerstampft
½ Tasse lauwarmes Kartoffelwasser
1½ EL Öl
1½ EL Honig
1 TL abgeriebene Orangenschale
½ TL Salz
1 TL Kümmelsamen*

Mehl und Hefe mischen, mit den anderen Zutaten zu einem geschmeidigen Teig verkneten und zugedeckt an einem warmen Ort mindestens eine Stunde gehen lassen. Nochmals durchkneten, zu einer Kugel formen, auf ein gefettetes Blech setzen und im leicht angewärmten Ofen eine weitere halbe Stunde gehen lassen. Bei 180 – 200° C etwa 50 Minuten backen.

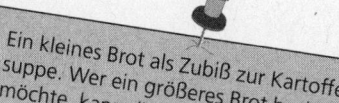

Ein kleines Brot als Zubiß zur Kartoffelsuppe. Wer ein größeres Brot backen möchte, kann die Zutaten verdoppeln.

Gut für Kopf und Bauch: Gurken

Wenn im Hochsommer die Hitze über dem Garten flimmert, wenn wir uns in unseren Mußestunden unter dem Sonnenschirm räkeln und unsere Gartenarbeit darauf beschränken, abends den durstigen Pflanzen Wasser zu geben, reifen die ersten Gurken heran und warten darauf, von uns geerntet zu werden.

In Südasien und Vorderindien beheimatet und an ein tropisches Klima gewöhnt, sind Gurkenpflanzen auf Wärme und Feuchtigkeit angewiesen. Bei Trockenheit können die Früchte unangenehm bitter werden. Deshalb decken wir das Gurkenbeet mit einer dicken Mulchschicht ab, die als »Fußbodenheizung« wirkt und den Boden feucht und locker hält.

Da Gurken zu 95 Prozent aus Wasser bestehen, sind sie ganz besonders erfrischend und außerdem bei allen, die sich kalorienarm ernähren wollen, sehr beliebt. Zahlreiche Mineralsalze und Vitamine machen sie zu einem sehr gesunden Gemüse, wobei die wertvollen Nährstoffe – wie so oft – unmittelbar unter der Schale sitzen. Da ist es gut zu wissen, daß wir biologisch angebaute Gurken unbesorgt mit der Schale essen können! Innerlich wie äußerlich angewandt, sollen sich Gurken straffend und klärend auf die Haut auswirken. Was liegt da näher, als die eigene Küche zur Schönheitsfarm zu erklären, einen frischen Gurkensalat zu verzehren und anschließend bei einer Gesichtsmaske aus Gurkenscheiben mit der Seele zu baumeln?

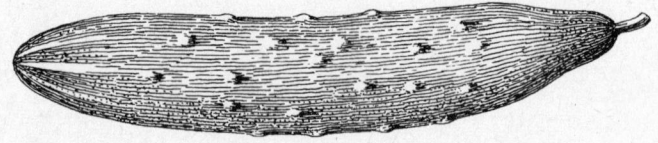

Frischer Gurkensalat

1 große Gurke, geschält
und grob geraspelt
1 EL Zitronensaft
2 EL Öl
½ Bund Dill, fein gehackt
Salz, Pfeffer
4 EL Joghurt
2 Knoblauchzehen, zerdrückt

Geraspelte Gurke in einem Sieb gut
abtropfen lassen. Zitronensaft, Öl und
Dill zu einer Sauce verrühren und
mit Salz und Pfeffer abschmecken.
Die Sauce mit den Gurkenraspeln
mischen. Joghurt mit Knoblauch
verrühren und kurz vor dem
Servieren über den Salat geben.

Gefüllte Gurke mit Pfifferlingen

1 große oder 2 kleine Salatgurken
1 Zwiebel, gehackt
150 g Pfifferlinge, grob geschnitten
etwas Öl
½ TL Thymian
2 EL Petersilie, gehackt
1 Ei
4 EL Haferflocken
4 EL Schlagsahne
Salz, Pfeffer
150 ml Gemüsebrühe

Gurken der Länge nach halbieren
und die Kerne mit einem Fruchtausstecher herauskratzen. Zwiebeln
und Pfifferlinge in Öl andünsten.
Thymian und Petersilie dazugeben,
noch einige Minuten schmoren und
dann abkühlen lassen. Ei mit Haferflocken und Sahne verquirlen und
mit der Pilzmischung verrühren.
Mit Salz und Pfeffer würzen. Die
Gurkenstücke mit der Masse füllen
und in eine feuerfeste Form setzen.
Mit Gemüsebrühe angießen. Bei
180 – 200° C etwa 30 Minuten
garen.

Warme Gurkensuppe

1 große Stange Lauch,
in schmale Streifen geschnitten
1 Knoblauchzehe, zerdrückt
2 EL Öl
3 mittelgroße Kartoffeln,
geschält und gewürfelt
1 l Gemüsebrühe
1 große Salatgurke, fein gewürfelt
200 ml Milch oder Schlagsahne
Kräutersalz, Pfeffer
1 Bund Dill, fein gehackt

Lauch und Knoblauch in Öl glasig
dünsten. Kartoffeln und Gemüsebrühe zugeben und etwa eine Viertelstunde kochen lassen. Im Mixer
oder mit dem Pürierstab pürieren.
Gurke und Milch oder Sahne zugeben und weitere fünf Minuten
kochen. Mit Kräutersalz und Pfeffer
abschmecken, Dill einstreuen und
sofort servieren.

Kalte Gurkensuppe

2 Salatgurken, geschält und grob
gewürfelt
1 Zwiebel, grob gehackt
1 Knoblauchzehe, grob gehackt
1 Bund Petersilie
1 Bund Dill
2 Zweige Zitronenmelisse oder
Minze
4 Borretschblätter
¼ l kalte Gemüsebrühe
500 g Joghurt
Salz, Pfeffer, Vollrohrzucker
Worcestersauce
eine Handvoll Borretschblüten

Gurken, Zwiebel, Knoblauch,
Kräuter und Gemüsebrühe zusammen im Mixer oder mit dem Pürierstab fein pürieren. Joghurt unterrühren. Mit Salz, Pfeffer, Zucker und
Worcestersauce abschmecken, mit
Borretschblüten garnieren und sofort
servieren.

Wenn uns die Gurkenernte über den Kopf zu wachsen droht, stellen wir einfach ein paar Flaschen Gurken-Ketchup her. Er eignet sich hervorragend als Dip oder als würzige Beilage zu allen möglichen Speisen. Der Ketchup ist nach drei Tagen gebrauchsfertig und jahrelang haltbar.

Gurken-Ketchup

2 große Salatgurken,
  geschält und gewürfelt
2 große Zwiebeln, grob gehackt
½ Tasse Salz
1 Tasse Obstessig
½ Tasse helle Senfsamen
1 TL schwarzer Pfeffer

Gurken und Zwiebeln mit Salz bestreuen und über Nacht in einem Sieb abtropfen lassen. Die Masse am nächsten Tag mit dem Essig begießen und im Mixer pürieren. Senfsamen und Pfeffer dazugeben. In Flaschen mit Twist-Off Deckeln geben und fest verschließen.

Gurkengemüse mit Reis und Schafskäse

2 Tassen Vollkornreis
5 Tassen Gemüsebrühe
2 große Salatgurken, grob gewürfelt
2 Knoblauchzehen, zerdrückt
1 TL Dillsamen
2 EL Öl
150 g saure Sahne
Salz, Pfeffer
200 g Schafskäse, grob gewürfelt
1 Bund Dill, fein gehackt

Reis in der Gemüsebrühe nach Packungsvorschrift garen. Salatgurke und Knoblauch mit dem Dillsamen im Öl glasig dünsten. Saure Sahne zugeben und bei geringer Hitze weitere zehn Minuten köcheln lassen, bis die Gurken weich sind. Mit Salz und Pfeffer abschmecken. Reis mit dem Schafskäse mischen. Dill über das Gemüse streuen und zu dem Reis servieren.

Heilsame Samen und Knollen: Fenchel

Der schon seit dem Altertum als
Heilpflanze bekannte Fenchel ist im
Mittelmeerraum zu Hause. In den
Küchen Südeuropas, vor allem in der
Küche Italiens, spielt er eine große
Rolle. Bei uns gilt er vielfach noch
als Exot, obgleich er, wenn er ein
einigermaßen warmes, sonniges
Plätzchen bekommt, auch in nörd-
licheren Breiten ganz leicht anzu-
bauen ist.

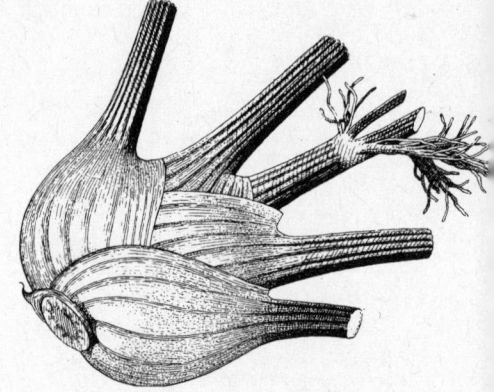

Sobald die Eisheiligen vorüber sind,
kann er ausgesät werden, und wir
tun gut daran, an regelmäßige Nach-
saaten zu denken, damit wir den
ganzen Sommer über reifen Fenchel
zur Verfügung haben. Besonders gut
gedeihen die Fenchelknollen als
Nachfrucht von Kartoffeln oder Erbsen; Bohnen und Tomaten mögen sie
als Nachbarn nicht.

Da Fenchel leichte Fröste unbescha-
det übersteht, können die letzten
Knollen, von einer dicken Laubdecke
geschützt, bis in den späten Herbst
hinein auf dem Beet bleiben. Im
Frühjahr gesäter Fenchel neigt allerdings zum Schießen und muß recht-
zeitig abgeerntet werden. Es lohnt
sich jedoch, zwei bis drei Knollen
auswachsen und blühen zu lassen.
Die Blüten sind eine gute Bienen-
weide, und der Samen eignet sich

getrocknet hervorragend als aromati-
sches Gewürz für Gebäck, Brot und
Gemüsesuppen; außerdem läßt sich
aus Fenchelsamen ein Tee aufbrü-
hen, der bei Erkältung, Husten und
Verdauungsstörungen hilft.
Doch nicht nur dem Tee, auch den
Fenchelknollen selbst wird eine
heilsame Wirkung nachgesagt. Aus
den Knollen bereitete Speisen gelten
als besonders magenschonend und
finden sich daher auf so manchem
Diätplan wieder. Daß es dabei keines-
wegs immer fade zugehen muß,
mögen die folgenden Rezepte zeigen.

Finocchi al gratin (Italienisches Fenchelgratin)

1 kg Fenchel, geputzt und halbiert
2 Knoblauchzehen
1 TL Kümmel
4 Tomaten,
  in dicke Scheiben geschnitten
100 g Gorgonzola
4 EL Fenchelgrün, fein gehackt

Fenchel etwa 20 Minuten in Salzwasser garen. In grobe Stücke zerschneiden und in eine gefettete Auflaufform geben. Knoblauchzehen zerdrücken und darüber verteilen, mit dem Kümmel bestreuen und mit den Tomatenscheiben belegen. Gorgonzola zerbröseln und auf Fenchel und Tomaten verteilen.
Bei 180 – 200° C etwa 20 Minuten backen. Mit Fenchelgrün bestreuen.

Fenchelsuppe

2 Fenchelknollen, in feine Streifen
  geschnitten
1 Zwiebel, gehackt
3 EL Öl
¼ l Weißwein
½ l Gemüsebrühe
4 EL Fenchelgrün, fein gehackt

Fenchel und Zwiebel im Öl glasig dünsten. Weißwein und Gemüsebrühe dazugeben und 30 Minuten köcheln lassen. Mit Salz und Pfeffer abschmecken und mit dem frischen Fenchelgrün bestreuen.

Bunter Fenchelsalat

2 Fenchelknollen, in sehr feine
  Streifen geschnitten
1 Apfelsine, geschält und in Stücke
  geschnitten
½ Salatgurke, gewürfelt
½ rote Paprika, in schmale Streifen
  geschnitten
3 EL Olivenöl
2 EL Zitronensaft
1 TL Senf
Salz, Pfeffer
50 g Walnußkerne, grob gehackt
4 EL Fenchelgrün, fein gehackt

Fenchel, Apfelsine, Gurke und
Paprika mischen. Öl, Zitronensaft
und Senf zu einer sämigen Sauce
verrühren, mit Salz und Pfeffer
würzen und unter den Salat heben.
Mit Walnußkernen und Fenchelgrün
bestreuen.

Besonders pfiffig wirkt dieser Salat, wenn
wir ihn, z. B. als Vorspeise, in den äußeren
Blättern großer Fenchelknollen wie in Schiffchen anrichten. Zum Garnieren eignen sich
ein paar farbenfrohe Kapuzinerkresseblüten,
die wir auch mitessen können. Und wer es
mag, kann einen Teelöffel Kapern unter den
Salat mischen.

Fenchel-Tofu-Pfanne

4 Apfelsinen, geschält und
  quer in Scheiben geschnitten
1 Apfelsine, ausgepreßt
4 Knoblauchzehen, in feine
  Scheiben geschnitten
1 EL Fenchelsamen
250 g geräucherter Tofu,
  grob gewürfelt
2 Fenchelknollen, grob gewürfelt
3 EL Olivenöl
3 EL schwarze Oliven
Salz, Pfeffer
100 g junger Gouda,
  in feine Streifen geschnitten

Apfelsinenscheiben, Apfelsinensaft,
Knoblauch, Fenchelsamen und Tofu
mischen und etwa eine Stunde
durchziehen lassen. Tofu herausnehmen, gemeinsam mit dem Fenchel
im Öl von allen Seiten anbraten.
Apfelsinenmischung und Oliven
zufügen, mit Salz und Pfeffer würzen
und einige Minuten köcheln lassen.
Käse darüberstreuen, Pfanne zu-
decken und weitere zehn Minuten
dünsten.

Utas Fenchel-Apfelsinen-Gericht

4 Fenchelknollen, halbiert
40 g Butter
2 TL Weizenvollkornmehl
100 ml Apfelsinensaft, frisch
  gepreßt
abgeriebene Schale von zwei
  unbehandelten Apfelsinen
½ Bund Petersilie

Fenchel in kochendem Salzwasser etwa eine Viertelstunde garen und anschließend abtropfen lassen. Butter schmelzen, Mehl einrühren und Apfelsinensaft zugießen, kurz aufkochen und andicken lassen. Orangenschale unterrühren. Sauce über den Fenchel gießen und mit Petersilie bestreuen. Dazu paßt ein frisches Kartoffelpüree.

Mit dieser leckeren Kombination aus gekochtem Fenchel und Apfelsinensauce überraschte mich meine Freundin Uta bei einem meiner Besuche in Hamburg. Für alle Fenchelfans unbedingt zur Nachahmung empfohlen!

Gefüllte Fenchelschiffchen

4 große Fenchelknollen
1 mittelgroße Zwiebel, fein gehackt
2 Knoblauchzehen, zerdrückt
2 EL Olivenöl
1 große Aubergine, klein gewürfelt
4 große reife Tomaten, geschält und
  gewürfelt
¼ Tasse Fenchelgrün, fein gehackt
¼ Tasse Petersilie, fein gehackt
Kräutersalz, Pfeffer
1 Tasse Gemüsebrühe
½ Tasse trockener Weißwein
50 g Parmesan, frisch gerieben

Vom Fenchel die Stiele entfernen. Die Knollen unten so zuschneiden, daß ein halber Zentimeter vom Wurzelansatz stehen bleibt, um die Knollen zusammenzuhalten. In reichlich Salzwasser 10 – 15 Minuten kochen, abtropfen und abkühlen lassen. Der Länge nach durchschneiden und das Innere vorsichtig entfernen, so daß acht »Schiffchen« zum Füllen übrig bleiben. Zwiebel und Knoblauch im Öl glasig dünsten, dann die Auberginen und später die Tomaten mitdünsten lassen. Das kleingehackte Innere der Fenchelknollen und die Hälfte der Kräuter unterrühren und mit Kräutersalz und Pfeffer würzen. Fenchelschiffchen mit der Gemüsemischung füllen, in eine ofenfeste Form setzen und mit der Gemüsebrühe und dem Wein angießen. Mit dem Käse und den restlichen Kräutern bestreuen und bei 180 – 200° C etwa 40 Minuten backen.

Äpfel aus dem Paradies: Tomaten

Tomaten sind so vielseitig verwendbar und in unserer Küche so beliebt, daß wir uns fast schon an die handelsüblichen Treibhausfrüchte – Zeugnisse der fragwürdigen Kunst, fünf Kubikzentimeter Wasser schnittfest in eine rote Schale zu verpacken! – gewöhnt und das unnachahmliche Aroma reif vom Strauch gepflückter Freilandtomaten vergessen hatten. Es muß dieses Aroma gewesen sein, das unsere Vorfahren auf die Idee brachte, sie »Paradiesäpfel« zu nennen – eine Bezeichnung, die in ihrem österreichischen Namen »Paradeiser« weiterlebt.

Die Azteken, die sie im südamerikanischen Hochland als erste kultivierten, nannten sie »Tumatl«, und die spanischen Seefahrer brachten im 16. Jahrhundert sowohl die Frucht als auch diese Bezeichnung mit. Allerdings sollte es noch bis zum Ende des 19. Jahrhunderts dauern, bis das Mißtrauen gegen das fremdartige Nachtschattengewächs überwunden war und die Tomate in die Gärten und Küchen Mitteleuropas Eingang fand. Zur Treibhauskultur kam es, weil die Tomatenpflanzen außerordentlich wärmeliebend sind; daher lassen sich im unbeständigen nordeuropäischen Klima keine zuverlässigen Ernten garantieren, die gewerblich zu vermarkten wären.

Tatsächlich kann es in einem regnerischen Sommer zu einem Fiasko kommen: Wir ziehen die Tomatenpflänzchen sorgsam auf dem Fensterbrett vor, pflanzen sie nach den Eisheiligen an ihrem Stammplatz aus, der zuvor mit Stallmist oder Gründünger und Kompost angereichert wurde, gießen sie regelmäßig, binden die Tomatenpflanzen zu gegebener Zeit an, geizen sie aus... und können die Ernte trotzdem schlichtweg vergessen. Doch der Biß in eine sonnengereifte, aromatische Freilandtomate läßt uns all diese Mühen rasch vergessen. Wir schwören uns, nie wieder auf die fade Nachahmung hereinzufallen, und genießen die Tomatensaison in vollen Zügen.

Überbackene Tomaten mit Käse-Spätzle-Füllung

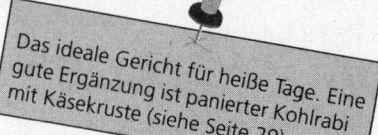

Das ideale Gericht für heiße Tage. Eine gute Ergänzung ist panierter Kohlrabi mit Käsekruste (siehe Seite 29).

150 g Vollkornspätzle
8 große Fleischtomaten
1 große Zwiebel, gehackt
3 Knoblauchzehen, zerdrückt
1 TL Kräuter der Provence
1 EL Butter oder Margarine
Salz, Pfeffer
½ Bund Petersilie, gehackt
200 g Emmentaler, frisch gerieben
125 g Mozzarella,
* in dünne Scheiben geschnitten*

Nudeln in Salzwasser bißfest kochen und abtropfen lassen. Tomatendeckel abschneiden und die Tomaten mit einem Fruchtausstecher aushöhlen. Fruchtfleisch und Deckel (ohne Stielansatz) fein würfeln. Zwiebel, Knoblauch und Kräuter der Provence in der Butter oder Margarine glasig dünsten, die Hälfte des Tomatenfleischs zufügen und etwa fünf Minuten weiterdünsten. Mit Salz und Pfeffer würzen, etwas abkühlen lassen und mit Nudeln, Petersilie und Käse mischen. Tomaten mit der Mischung füllen. Restliches Tomatenfleisch in eine feuerfeste Form geben. Die gefüllten Tomaten in die Form setzen, mit Mozzarella belegen und bei 200 – 220° C etwa 20 Minuten backen.

Tomatenquark mit Pellkartoffeln

1 kg neue Kartoffeln
5 Tomaten
1 Tasse Tomatensaft
100 g Schafskäse
1 große Zwiebel, gehackt
1 Bund Petersilie, gehackt
einige Salbeiblätter, gehackt
250 g Magerquark
Salz, Pfeffer

Kartoffeln 15 – 20 Minuten mit der Schale in Salzwasser kochen. Die Tomaten mit kochendem Wasser übergießen und schälen. Mit dem Tomatensaft und dem Schafskäse im Mixer oder mit dem Pürierstab fein pürieren. Zwiebel, Kräuter und Magerquark unterrühren und mit Salz und Pfeffer abschmecken.

Gefüllte Tomaten à la Monika und Ralf

8 große Tomaten
300 g Schafskäse
Olivenöl
20 schwarze, kernlose Oliven,
fein gehackt
2 Knoblauchzehen, zerdrückt
½ Bund Basilikum, fein gehackt

Von den Tomaten Deckel abschneiden und beiseite legen. Die Tomaten mit einem Fruchtausstecher aushöhlen. Schafskäse mit einer Gabel zerdrücken und löffelweise Olivenöl unterrühren, bis eine streichfähige Masse entstanden ist. Mit den fein gehackten Oliven, Knoblauch und Basilikum vermischen und in die ausgehöhlten Tomaten füllen. Deckel vom Stielansatz befreien, mit kleinen Basilikumstengeln garnieren und wieder aufsetzen. Tomaten in den Kühlschrank stellen und eine Stunde durchziehen lassen.

Diese kalten gefüllten Tomaten eignen sich besonders gut als Vorspeise, aber auch als Blickfang auf einem kalten Büfett. Wer es mag, kann ein bis zwei Eßlöffel geröstete, kleingehackte Pinienkerne unter die Füllung rühren. Und sollte etwas von der Füllung übrigbleiben – auch als Brotaufstrich ist sie ein Genuß!

Spaghetti Napoli

500 g Vollkornspaghetti
1 kg reife Tomaten
1 Zwiebel, gehackt
1 Knoblauchzehe, zerdrückt
2 EL Butter oder Margarine
1 Zweig Thymian
Salz, Pfeffer, Vollrohrzucker
50 g Parmesan, frisch gerieben

Vollkornspaghetti in reichlich Salzwasser bißfest kochen und abtropfen lassen. Tomaten häuten, Blütenansätze entfernen und in grobe Stücke schneiden. Zwiebel und Knoblauch in Butter oder Margarine glasig dünsten. Tomaten und Thymianblättchen dazugeben und etwa eine Viertelstunde einkochen lassen. Sauce mit Salz, Pfeffer und Zucker abschmekken und mit Spaghetti und Parmesan servieren.

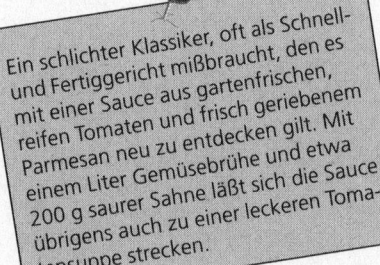

Ein schlichter Klassiker, oft als Schnell- und Fertiggericht mißbraucht, den es mit einer Sauce aus gartenfrischen, reifen Tomaten und frisch geriebenem Parmesan neu zu entdecken gilt. Mit einem Liter Gemüsebrühe und etwa 200 g saurer Sahne läßt sich die Sauce übrigens auch zu einer leckeren Tomatensuppe strecken.

Tomaten-Mozzarella-Omelett

8 Eier
100 ml Schlagsahne
1 Bund Petersilie, gehackt
Salz, Pfeffer
4 EL Butter oder Margarine
6 kleinere Tomaten,
  in Spalten geschnitten
250 g Mozzarella,
  in dünne Scheiben geschnitten
Zitronenpfeffer

Eier und Sahne verquirlen, mit Petersilie, Salz und Pfeffer kräftig würzen. Butter oder Margarine in einer großen Pfanne heiß werden lassen, Eiermasse hineingießen und stocken lassen. Tomaten und Mozzarella auf die Eiermasse geben, mit Zitronenpfeffer bestreuen und zugedeckt noch etwa fünf Minuten garen lassen.

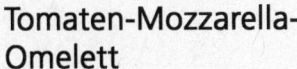

Eine erfrischende Sommersuppe. Wer es mag, kann der kühlen Schönheit mit ein paar Spritzern Tabasco Feuer verleihen.

Kalte Tomaten-Joghurt-Suppe

1 kg reife Tomaten
1 Bund glatte Petersilie
  oder Basilikum
500 g Joghurt
1 Knoblauchzehe
1 TL Kräutersalz
1 TL Paprikapulver
Saft einer Zitrone
Pfeffer

Tomaten häuten und pürieren. Die Hälfte der Kräuter fein hacken, mit den Tomaten und den anderen Zutaten mischen. Die restlichen Blätter als Verzierung über die Suppe streuen und sofort servieren.

Nicht nur als »zweite Geige«: Zwiebeln

»Hat sieben Häute, beißt alle Leute«, heißt es in einem alten Kinderversrätsel über die Zwiebel, die zu den Liliengewächsen gehört und im Westen Asiens, im heutigen Iran und Afghanistan, beheimatet ist. Doch obgleich sie uns so treffsicher zum Weinen bringt wie eine schöne Kinoschnulze, ist sie gesundheitlich äußerst wertvoll und versorgt uns mit reichlich Vitaminen und Mineralstoffen wie Jod, Kalium, Mangan, Kobalt, Fluor und Magnesium. Auch blutbildende und antibakterielle Eigenschaften werden ihr nachgesagt, und als Notfallmedizin – frisch aufgeschnitten auf einen Bienen- oder Wespenstich gedrückt – hat sie sich in unserem Gartenalltag vielfach bewährt.

Zwiebeln lassen sich leicht aus Samen oder Steckzwiebeln im Garten ziehen. Getrocknet und luftig aufgehängt, halten sie sich den ganzen Winter. Aber auch noch ganz jung und mit viel Grün als »Lauch-« oder »Frühlingszwiebeln« können sie laufend geerntet und gegessen werden, und wenn wir im Oktober Winterzwiebeln stecken, kann die Ernte nach milden Wintern schon im zeitigen Frühjahr beginnen.
In zahllosen Gerichten wirken Zwiebeln im Hintergrund, dienen den anderen Zutaten als herzhafte, würzige Grundlage. Höchste Zeit, ihnen endlich einen ungestörten Starauftritt zu gönnen: Rezepte, in denen die Zwiebeln unangefochten im Mittelpunkt stehen.

Zwiebeln mit Wildreisfüllung

½ Tasse Wildreis
½ TL Fenchelsamen
3 EL Butter
4 sehr große oder 8 große Zwiebeln
2 Tassen frische Champignons,
  fein gewürfelt
1 Scheibe Vollkornbrot, zerbröselt
2 EL Petersilie, fein gehackt
1 EL Fenchelgrün, fein gehackt
50 g Emmentaler oder Parmesan,
  frisch gerieben
2 – 3 EL Schlagsahne
Salz, Pfeffer
1 Tasse Gemüsebrühe
½ Tasse trockener Weißwein

Reis mit eineinhalb Tassen Wasser, Fenchelsamen und einem Eßlöffel Butter etwa 20 Minuten garen lassen. Zwiebeln schälen und am Wurzelende flach schneiden, damit sie einen guten Stand haben. Mit einem scharfen Messer kegelförmig ausschneiden und mit einem Fruchtausstecher aushöhlen. Je nach Größe drei bis fünf Minuten in kochendem Salzwasser blanchieren. Das ausgehöhlte Innere der Zwiebeln fein hacken und mit den Pilzen in der restlichen Butter dünsten. Mit Reis, Brot, Petersilie, Fenchelgrün, der Hälfte des Käses und der Sahne vermischen. Mit Salz und Pfeffer würzen und in die Zwiebeln füllen. In eine feuerfeste Form setzen, mit dem restlichen Käse bestreuen und mit Gemüsebrühe und Weißwein angießen. Bei 180 – 200° C 45 Minuten backen.

Zwiebel-Bohnen-Pfanne mit viel Petersilie

2 Tassen getrocknete Bohnen,
  am Vortag eingeweicht
500 g Zwiebeln, in feine Ringe
  geschnitten
2 EL Butter oder Margarine
½ TL Curry
1 TL Dillsamen
1 TL abgeriebene Zitronenschale
1 großes Bund Petersilie,
  grob gehackt
1 Tasse Gemüsebrühe
Saft einer Zitrone
Salz, Pfeffer

Die Bohnen im Einweichwasser weich kochen. Zwiebelringe in der Butter oder Margarine glasig dünsten. Curry, Dillsamen, Zitronenschale und Petersilie dazugeben, Gemüsebrühe zugießen und solange köcheln lassen, bis die Flüssigkeit verdampft ist. Bohnen und Zitronensaft unterrühren und mit Salz und Pfeffer abschmecken.

Ein Gericht, das sich durch die Auswahl der Bohnen optisch und geschmacklich variieren läßt. So können wir z. B. eine Sorte (wie Kidney-Bohnen) oder eine bunte Bohnen-Mischung verwenden. Aber auch Linsen sind bestens geeignet. Und wer sicher sein kann, eine wirklich unbehandelte Zitrone erstanden zu haben, kann die ausgepreßten Zitronenhälften mitköcheln lassen und vor dem Servieren entfernen.

Das Rezept ergibt ein kleines Brot mit etwa acht Scheiben. Wer ein größeres Zwiebelbrot backen möchte, braucht die Mengen bloß zu verdoppeln.

Zwiebelbrot

350 g Weizenvollkornmehl
2 TL Trockenhefe
150 ml lauwarmes Wasser
1 EL Butter oder Margarine
4 EL Zwiebeln, fein gehackt,
  evtl. geröstet
1 TL Vollrohrzucker
1 Prise Salz
1 TL Paprikapulver

Mehl und Hefe mischen, mit 150 ml lauwarmem Wasser und den anderen Zutaten zu einem geschmeidigen Teig verkneten, bei Bedarf noch etwas Wasser zufügen. An einem warmen Ort zugedeckt eine Stunde gehen lassen. Nochmals durchkneten, zu einer Kugel formen, auf ein gefettetes Backblech setzen und im leicht angewärmten, geschlossen Ofen nochmals eine halbe Stunde gehen lassen. Bei 180 – 200° C etwa 50 Minuten backen.

Soupe à l'oignon gratinée (Französische Zwiebelsuppe)

750 g Zwiebeln, in feine Ringe
  geschnitten
3 EL Butter oder Margarine
1 TL Vollrohrzucker
eine Prise Salz
Pfeffer
3 EL Weizenvollkornmehl
1 l Gemüsebrühe
1 Tasse trockener Weißwein
4 Scheiben Vollkorntoast, geröstet
  und in Würfel geschnitten
50 g Emmentaler, frisch gerieben

Zwiebeln in der Butter oder Margarine glasig dünsten. Zucker, Salz und Pfeffer zugeben und unter Rühren weiterdünsten. Mehl unterrühren, Gemüsebrühe und Wein zugießen und etwa 20 Minuten kochen lassen. Mit Toast und Käse bestreuen, kurz überbacken und sofort servieren.

Hessischer Zwiebelkuchen

500 g Weizenvollkornmehl
1 Päckchen Trockenhefe
3 Eier
5 EL Olivenöl
1 TL Vollrohrzucker
1 TL Salz
¼ l lauwarmes Wasser
1 kg Zwiebeln,
  in feine Ringe geschnitten
5 EL Butter oder Margarine
1 TL Salz
2 TL Kümmel

Mehl und Hefe mischen. Mit einem Ei, Öl, Zucker und Salz sowie einem viertel Liter lauwarmem Wasser zu einem geschmeidigen Teig verkneten. An einem warmen Ort zugedeckt eine Stunde gehen lassen und anschließend auf einem gefetteten Backblech ausrollen. Zwiebeln in der Butter oder Margarine glasig dünsten. Von der Feuerstelle nehmen, die restlichen Eier unterrühren, mit Salz abschmecken und abkühlen lassen. Zwiebelmasse auf den Teig streichen, mit Kümmel bestreuen und im leicht angewärmten Ofen noch einmal eine halbe Stunde gehen lassen. Bei 180 – 200° C etwa 45 Minuten backen und noch heiß servieren. Dazu gibt's Federweißen oder Apfelwein.

Der anregenden Wirkung frischer Zwiebeln auf die Darmtätigkeit verdankt diese hessische Spezialität ihren treffenden Namen. Handkäse, auch Harzer Käse oder Harzer Roller genannt, ist ein Magermilch-Weichkäse, der früher mit der Hand zu runden Fladen geformt wurde. Im reifen Zustand kommt er in der deftigen Marinade am besten zur Geltung. Die Musik stellt sich nach einer Weile von ganz alleine ein.

Handkäs' mit Musik

4 reife Handkäse
8 EL Essig
1 EL Wasser
4 EL Öl
3 Zwiebeln, fein gehackt
1 TL Kümmel
Salz und Pfeffer

Handkäse in eine flache Schüssel geben. Die restlichen Zutaten miteinander vermischen. Handkäse mit der Marinade übergießen und einige Stunden durchziehen lassen. Am besten schmecken dazu dunkles Vollkornbrot, frische Butter und Apfelwein.

Das Rezept reicht für ein Kuchenblech. Wer einen kleineren Zwiebelkuchen backen will, kann die Mengenangaben halbieren und eine Springform benutzen.

Aus zarten Pflänzchen werden kiloschwere Keulen: Zucchini

Üppig tragende, vor Kraft strotzende Zucchini-Pflanzen sind ein Segen und ein Fluch zugleich: Einerseits vermitteln die selbstbewußten Pflanzen selbst Anfängerinnen und Anfängern Erfolgserlebnisse und Gärtnerstolz, andererseits kann uns die Bewältigung des üppigen Erntesegens vor echte Probleme stellen. Vor allem, wenn wir die jungen

Auch wenn die Pflänzchen, die wir nach den Eisheiligen in ihr mit reichlich Kompost und Mulch vorbereitetes Beet setzen, anfangs noch so mickrig aussehen – ein bis zwei Zucchini-Pflanzen reichen völlig aus, um einen Haushalt durchschnittlicher Größe den ganzen Sommer über mit knackigen Zucchinifrüchten zu versorgen. Eine Art »natürliche

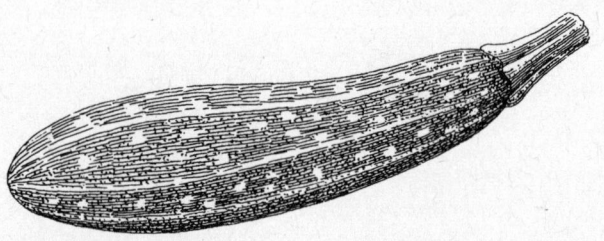

Früchte nicht regelmäßig abernten oder aber so leichtsinnig sind, in einen mehrwöchigen Sommerurlaub zu fahren, ohne die Nachbarschaft auf eine großzügige Zucchini-Ernte in unserem Garten einzuschwören, kann es sein, daß an unseren Pflanzen riesige Keulen prangen, die kaum noch zu bewältigen sind. Von Glück sagen können all jene, die eine große Familie oder Wohngemeinschaft kennen, wo eine solche Mammutfrucht dann gerade für eine leckere Mahlzeit reicht.
Der wichtigste Grundsatz beim Anbau von Zucchinis besteht daher in der freiwilligen Selbstbeschränkung.

Geburtenkontrolle« können wir auch betreiben, indem wir die großen Blüten abkneifen und mit Käse und Kräutern füllen (siehe »Gefüllte Zucchiniblüten«, Seite 80). Wenn wir dann noch regelmäßig möglichst junge Früchte ernten, können wir dem sommerlichen Erntesegen ganz gelassen entgegensehen.
Dennoch, abwechslungsreiche Zucchini-Rezepte kann es gar nicht genug geben. Zum Glück sind die Früchte dank ihres wenig ausgeprägten Eigengeschmacks so vielseitig, daß sie sich den verschiedensten Geschmacksrichtungen mühelos anpassen.

Zucchini-Salat

500 g Zucchini
1 Apfel
1 Möhre
200 g Joghurt
2 EL Öl
1 EL Senf
1 Bund Schnittlauch, gehackt
2 Zweige Zitronenmelisse, gehackt
Kräutersalz, Zitronensaft

Zucchini, Apfel und Möhre grob raspeln. Die restlichen Zutaten zu einer Sauce verrühren, unter den Salat ziehen und sofort servieren.

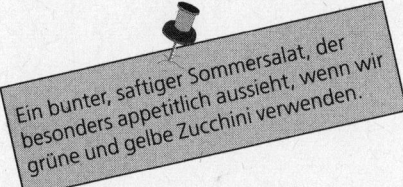

Ein bunter, saftiger Sommersalat, der besonders appetitlich aussieht, wenn wir grüne und gelbe Zucchini verwenden.

Zucchini-Mozzarella-Auflauf

800 g Tomaten
1 Zwiebel, gehackt
2 Knoblauchzehen, zerdrückt
Öl zum Braten
1 TL Gemüsebrüheextrakt
600 g Zucchini
Salz, Pfeffer
300 g Mozzarella
1 Bund Basilikum, fein gehackt
100 g Parmesan, frisch gerieben

Tomaten mit kochendem Wasser überbrühen, Haut abziehen und zerkleinern. Zwiebel und Knoblauch in wenig Öl glasig dünsten. Tomaten und einen Teelöffel Gemüsebrüheextrakt dazugeben und einige Minuten leise köcheln. Zucchini in etwa einen halben Zentimeter breite Scheiben schneiden, in wenig Öl anbraten, mit Salz und Pfeffer kräftig würzen. Mozzarella in dünne Scheiben schneiden. In eine Auflaufform die Hälfte der Tomatensauce geben, darauf die Hälfte der Zucchinischeiben und abschließend die Hälfte der Mozzarellascheiben verteilen. Mit Basilikum bestreuen. In der gleichen Reihenfolge die restlichen Zutaten einschichten. Die letzte Schicht dick mit dem Parmesan bestreuen. Bei 180 – 200° C etwa 30 Minuten backen.

Röhrchennudeln mit Zucchini-Käse-Sauce

400 g Vollkorn-Röhrchennudeln
500 g Zucchini
1 Zwiebel, gehackt
2 Knoblauchzehen, zerdrückt
2 EL Butter oder Margarine
200 ml Schlagsahne
100 g Parmesan, frisch gerieben
Salz und Pfeffer
1 Bund Petersilie

Die Nudeln in reichlich Salzwasser
bißfest garen. Zucchini in etwa drei
Zentimeter lange, dünne Stifte
schneiden. Zwiebel und Knoblauch
in der Butter oder Margarine glasig
dünsten. Zucchini dazugeben und
etwa zehn Minuten mitdünsten
lassen. Inzwischen Sahne erhitzen
und aufkochen lassen. Den Parmesan
unter ständigen Rühren darin
schmelzen lassen. Sauce mit Salz
und Pfeffer würzen, Petersilie und
Zucchini unterrühren und zu den
Röhrchennudeln servieren.

Zugegeben, ich war ziemlich skeptisch,
als mir meine amerikanische Schwieger-
mutter erklärte, das beste Mittel gegen
eine drohende Zucchiniflut sei ein süßer
Kuchen, der in seiner Kastenform problemlos in jede Picknicktasche passe
und sowohl am Badesee als auch an der
feinsten Kaffeetafel reißenden Absatz
fände. Ihr Rezept, das gleich für zwei
Kastenformen reicht, hat mich über-
zeugt. Weil es so schön einfach ist, habe
ich die Mengenangaben in Tassen beibe-
halten. Als Maßeinheit eignet sich jede
größere Tasse oder ein kleiner Becher –
Hauptsache, die Proportionen stimmen!

Süßer Zucchinikuchen

3 Eier
1 Tasse Öl
2 Tassen Ahornsirup oder Honig
2 Tassen grob geraspelte Zucchini
1 Vanilleschote
4 Tassen Weizenvollkornmehl
1 Päckchen Backpulver
1 TL Zimt
1 TL Salz
½ Tasse Nüsse oder Mandeln,
* grob gehackt*

Eier schaumig schlagen, mit Öl, Sirup
oder Honig, Zucchini und Vanille
mischen. Mehl, Backpulver, Zimt
und Salz zugeben und gut verrühren. Zum Schluß die Nüsse untermischen und die cremige Masse in zwei
gefettete Kastenformen füllen. Bei
170 – 190° C etwa 1 Stunde backen.

Zucchini exotisch

2 Zwiebeln, grob gehackt
1 große Knoblauchzehe, zerdrückt
1 TL Curry
5 EL Öl
1 kg Zucchini, in Würfel geschnitten
6 EL Weißwein
1 TL Gemüsebrüheextrakt
500 g Tomaten, geviertelt
3 EL Mangosauce oder
    Mangochutney
abgeriebene Schale einer Zitrone
1 Bund Zitronenmelisse, gehackt

Zwiebeln und Knoblauch mit dem Curry im Öl glasig dünsten. Zucchini zugeben und einige Minuten weiterdünsten. Mit Weißwein und eventuell etwas Wasser ablöschen, Gemüsebrüheextrakt unterrühren und zugedeckt etwa zehn Minuten garen lassen. Tomaten zugeben und weitere fünf Minuten schmoren. Mangosauce und Zitronenschale unterrühren. Mit Zitronenmelisse bestreuen.

Curry, Zitronenschale und Mangosauce (die es fertig zu kaufen gibt) geben diesem Zucchini-Gericht seinen fernöstlichen Charme. Dazu schmeckt Vollkornreis oder ein herzhafter Hirsebrei.

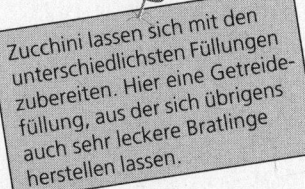

Zucchini lassen sich mit den unterschiedlichsten Füllungen zubereiten. Hier eine Getreidefüllung, aus der sich übrigens auch sehr leckere Bratlinge herstellen lassen.

Zucchini mit Grünkernfüllung

300 g Grünkern, grob geschrotet
½ l Gemüsebrühe
2 Zwiebeln, gehackt
2 Knoblauchzehen, zerdrückt
2 EL Butter oder Margarine
2 mittelgroße Zucchini
2 Eier
100 g Räucherkäse,
    in feine Würfel geschnitten
4 EL gehackte Kräuter
    (z. B. Petersilie, Majoran,
    Liebstöckel, Thymian)
1 TL Rosenpaprikapulver

Grünkernschrot in der Hälfte der Brühe mindestens eine halbe Stunde einweichen. Unter Umrühren aufkochen und auf der abgeschalteten Platte ausquellen und abkühlen lassen. Zwiebeln und Knoblauch in der Butter oder Margarine glasig dünsten. Zucchini der Länge nach halbieren und mit dem Fruchtausstecher aushöhlen. Grünkern mit Eiern, Zwiebeln, Käse, Kräutern und Paprikapulver mischen und in die Zucchini füllen. In eine gefettete Auflaufform setzen und mit der restlichen Gemüsebrühe angießen. Bei 180 – 200° C etwa 40 Minuten backen.

Gefüllte Zucchiniblüten

8 – 12 große Zucchiniblüten
200 g Hüttenkäse
100 g Frischkäse
1 Tasse frische Kräuter
(z. B. Schnittlauch, Kerbel,
Zitronenmelisse, Oregano),
fein gehackt
Kräutersalz, Pfeffer

Die Blüten gründlich waschen und die Stempel herausbrechen. Hüttenkäse, Frischkäse und Kräuter gut vermischen, mit Kräutersalz und Pfeffer kräftig würzen. Die Füllung mit einem Teelöffel in das Innere der Blüten drücken. Blütenblätter leicht zusammendrehen, um damit die Blüte zu verschließen. Dazu ein Tomatensalat und frisches Vollkornbrot mit Butter – eine Köstlichkeit!

Zucchini-Suppe

¼ l Milch
½ l Gemüsebrühe
2 Zwiebeln, geschält
und grob geraspelt
500 g Zucchini, grob gewürfelt
Kräutersalz, Pfeffer
1 Knoblauchzehe, zerdrückt
100 g frische Sprossen
(z. B. Kresse oder Alfalfa)

Milch mit Gemüsebrühe zum Kochen bringen, Zwiebeln und Zucchini dazugeben und etwa 15 Minuten kochen lassen. Im Mixer oder mit dem Pürierstab pürieren. Suppe mit Salz, Pfeffer und Knoblauch abschmecken und mit Sprossen bestreuen.

Gefüllte Zucchiniblüten sind ein Gelegenheitsgericht, das wir schlecht vorausplanen können. Auch die Mengenangaben sind nur ein Mittelwert, da die Blüten immer ungleich groß sind und außerdem nicht immer die gleiche Anzahl Blüten zur Verfügung steht. Haben sich an einem warmen Sommertag genügend Blüten geöffnet, gilt es, diese Gelegenheit beim Schopfe zu packen, die Blüten vorsichtig abzupflücken und zum Füllen nach Hause zu tragen. Weibliche Zucchiniblüten können mit den winzigen Früchten geerntet und gegessen werden. Die gefüllten Blüten sehen nicht nur wunderbar aus, sie schmecken auch köstlich und sind eine Zierde für jedes kalte Büfett.

Zucchini-Puffer

600 g Zucchini, grob geraspelt
400 mehlige Kartoffeln,
grob geraspelt
1 Bund Petersilie
1 Bund Dill
2 Eier
2 Knoblauchzehen
3 EL Weizenvollkornmehl
Salz, Pfeffer
Öl zum Braten

Zucchini mit Kartoffeln, Kräutern, Eier, Knoblauch und Mehl vermischen. Mit Salz und Pfeffer abschmecken. In reichlich heißem Öl goldbraun ausbraten. Dazu passen z. B. Kartoffelpürree und ein frischer Möhrensalat (siehe Seite 45).

Gebratene Zucchini-Scheiben mit Schafskäse

2 größere Zucchini, in 1 cm dicke
Scheiben geschnitten
Kräutersalz, Pfeffer
Olivenöl zum Braten
200 g Schafskäse, gewürfelt
100 g schwarze Oliven, entkernt
Zahnstocher

Zucchini-Scheiben mit Salz und Pfeffer würzen und in Olivenöl von beiden Seiten braten. Auf ein Backblech legen und auf jede Scheibe einen Würfel Schafskäse geben. Bei 220 – 240 Grad etwa 15 Minuten überbacken. Mit Zahnstochern jeweils eine Olive aufstecken.

Die gebratenen Zucchini-Scheiben machen sich sehr gut als Vorspeise oder auf einem bunten Büffet.

81

Das wahre Gold der Inkas: Zuckermais

Mais gehört zur Familie der Gräser und stammt aus Süd- und Mittelamerika, wo er schon lange vor der Ankunft der Europäer als Nutzpflanze kultiviert wurde. Während in Mitteleuropa bisher vor allem Futtermais angebaut und – wie schon der Name sagt – ans Vieh verfüttert wurde, erfreut sich der Zuckermais als wohlschmeckendes Gemüse auch bei uns inzwischen wachsender Beliebtheit. Beim Abknabbern der gegrillten oder in Salzwasser gekochten, mit Butter und Salz bestrichenen Kolben auf den Geschmack gekommen, haben wir nach anderen Zubereitungsmöglichkeiten Ausschau gehalten und nebenbei herausgefunden, daß sich der Zuckermais ganz leicht im eigenen Garten anbauen läßt. Wichtig ist nur, daß wir einen sonnigen Platz aussuchen und den Mais nicht vor Mitte Mai aussäen. Weil Mais durch den Wind bestäubt wird, dürfen wir außerdem keine zu langen Reihen anlegen. Mehrere kurze Reihen direkt nebeneinander sind sehr viel günstiger.

Geerntet wird im Spätsommer, wenn sich der »Bart«, also das Fadenbüschel an den Kolbenspitzen, braun verfärbt. Dabei brechen wir jeweils immer nur so viele Kolben ab, wie wir auch unmittelbar verbrauchen können, denn ganz frisch schmeckt der Zuckermais am allerbesten. Wenn das Maisbeet abgeerntet ist, häckseln wir den Rest der Pflanzen und decken damit das Beet für den Winter ab. So können die Pflanzen dem Boden einen Teil der Nährstoffe wiedergeben, die sie ihm durch ihr Wachstum entzogen haben.

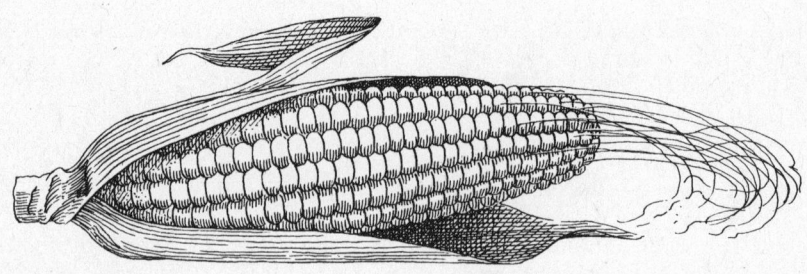

Da im Garten gezogene Maiskolben in ihrer Größe sehr unterschiedlich sein können, ist hier und in den folgenden Rezepten jeweils das Gewicht der Körner angegeben. Sie werden mit einem scharfen Messer von den etwa zwanzig Minuten in kochendem Salzwasser gegarten Kolben gelöst und z. B. zu dieser leckeren Suppe weiterverarbeitet.

Jürgens Maiscremesuppe

800 g Zuckermais, gegart und
  vom Kolben gelöst
1 Zwiebel, gehackt
2 EL Butter
2 EL Mehl
1 l Gemüsebrühe
1 rote Paprikaschote, gewürfelt
1 grüne Paprikaschote, gewürfelt
Salz, Pfeffer, Curry
2 TL Zitronensaft
200 ml Sahne

Maiskörner im Mixer oder mit dem Pürierstab pürieren. Zwiebel in der Butter glasig dünsten, mit Mehl anschwitzen und mit der Gemüsebrühe ablöschen. Paprika und Maispüree zugeben und etwa fünf Minuten kochen. Mit Salz, Pfeffer, Curry und Zitronensaft abschmekken. Zum Schluß die Sahne unterrühren.

Maissoufflé

400 g Zuckermais, gegart und
  vom Kolben gelöst
4 Eier
2 EL Butter oder Margarine
2 EL Weizenvollkornmehl
½ l Milch
200 g Gorgonzola
Salz, Pfeffer, Muskat

Eier trennen. Eigelb zum Mais geben und im Mixer oder mit dem Pürierstab pürieren. Butter oder Margarine erhitzen, Mehl einstreuen und anschwitzen. Milch unterrühren und zum Kochen bringen. Käse zerbröckeln und langsam in der Sauce schmelzen lassen. Mit Salz, Pfeffer und Muskat würzen und mit der Maismasse mischen. Eiweiß sehr steif schlagen und vorsichtig unterheben. In einer gefetteten Auflaufform bei 200 – 220° C etwa 30 Minuten backen und sofort servieren.

Corn Fritters (Amerikanische Maisplinsen)

2 Eier
2 Tassen Maiskörner, gegart
  und vom Kolben gelöst
Salz, Pfeffer
3 – 4 EL Weizenvollkornmehl
1 TL Honig
1 EL Butter oder Margarine

Eier schaumig rühren und mit den übrigen Zutaten vermischen. Löffelweise in reichlich Öl ausbacken und möglichst frisch servieren.

Die knusprigen Maisplinsen werden mit Ahornsirup oder Kompott als Nachtisch gegessen.

Herzhafte Maisbratlinge

250 ml Milch
250 ml Wasser
1 TL Salz
1 Knoblauchzehe, gehackt
1 TL Curry
1 Prise Muskat
150 g Maisgrieß
2 Tassen Maiskörner
4 Eier
Maiskeimöl

Milch mit Wasser und Gewürzen zum Kochen bringen, Maisgrieß einrühren und eine Viertelstunde ausquellen lassen. Maiskörner und Eier unterrühren. Kleine Bratlinge formen und in reichlich Öl von beiden Seiten goldbraun ausbraten. Dazu schmecken z. B. Pellkartoffeln und Tomatenquark (siehe Seite 69).

Maisnudeln mit Basilikum

500 g Vollkornnudeln
2 EL Butter oder Margarine
50 g Parmesan, frisch gerieben
200 ml Sahne
1 Tasse Maiskörner
1 Tasse Erbsen
1 rote Paprika, klein gewürfelt
1 Bund frisches Basilikum, fein ge-
schnitten

Nudeln in reichlich Salzwasser bißfest kochen. Butter oder Margarine
in einer Pfanne erhitzen und den
Parmesan vorsichtig darin schmelzen
lassen. Mit der Sahne verrühren,
Maiskörner, Paprika und Erbsen
zugeben und leise köcheln lassen.
Mit den Nudeln vermischen und mit
Basilikum bestreuen.

Seitdem ich ein Buch über Chilis übersetzt habe, schnippele ich die kleinen
scharfen Schoten an alle möglichen
Gerichte. Hier eine angenehm scharfe
Maisbrotvariante. Das für die Schärfe
verantwortliche Capsaicin sitzt vor
allem in den Samenkörnern in der Nähe
des Stielansatzes. Wer es also lieber
nicht ganz so scharf mag, kann einen
Teil der Körner herauskratzen. Das
Rezept ergibt ein kleines Brot, das sich
z. B. hervorragend als Suppenzubiß für
vier Personen eignet. Wer ein größeres
Brot backen möchte, braucht die Mengen bloß zu verdoppeln.

Mexikanisches Maisbrot

270 g Weizenvollkornmehl
2 TL Trockenhefe
275 ml Buttermilch, zimmerwarm
4 EL Maiskörner
3 EL Parmesankäse, grob gerieben
1 Chilischote
1 TL Honig
½ TL Salz
10 EL Maisgrieß

Mehl und Hefe mischen, mit den
anderen Zutaten zu einem geschmeidigen Teig verkneten und an einem
warmen Ort zugedeckt eine Stunde
gehen lassen. Nochmals durchkneten, zu einer Kugel formen, auf ein
gefettetes Blech setzen und im leicht
angewärmten, geschlossenen Ofen
nochmals eine halbe Stunde gehen
lassen. Bei 180 – 200° C etwa
50 Minuten backen.

Herbst

Verführerisch
wie einst im Garten Eden: Äpfel

Pralle, rotwangige Äpfel, von milden Sonnenstrahlen an den allmählich kahler werdenden Bäumen zum Leuchten gebracht – so beginnt der goldene Herbst. Am bestem schmekken die knackigen Früchte natürlich sonnenwarm und frisch vom Baum, aber viele Sorten sind so lange lagerfähig, daß wir bis in den Frühling hinein auf teure Importe verzichten und einheimische Äpfel essen können. Da Apfelbäume als Fremdbestäuber ohnehin nie allein stehen sollten, können wir – genügend Platz vorausgesetzt – frühe, späte und lagerfähige Sorten so kombinieren, daß wir von August bis April mit eigenen Äpfeln versorgt sind. Vielerorts werden aber auch Apfelbäume, die in der Feldmark stehen, für jeweils ein Erntejahr versteigert – eine gute Gelegenheit, immer mal wieder andere Sorten auszuprobieren. Von meiner Großmutter habe ich gelernt, daß die meisten aus Äpfeln zubereiteten Kuchen und Speisen ohnehin am besten schmecken, wenn wir eine bunte »Landstraßenmischung« aus den verschiedensten Falläpfeln verwenden. Ein Apfelmus aus nur einer Apfelsorte dagegen ist langweilig und fad! Äpfel sind nicht nur knackig und erfrischend, sondern auch kerngesund. »An apple a day keeps the doctor away«, heißt es auf englisch, und tatsächlich konnten zahlreiche gesundheitsfördernde Inhaltsstoffe nachgewiesen werden. Sie kommen allerdings nur dann zum vollen Einsatz, wenn wir Schale und Kerngehäuse mitverzehren. Während also die Guten ins Kröpfchen wandern, schneiden wir die Schlechten ins Töpfchen und bereiten daraus leckere Kuchen und Nachspeisen zu.

Apfelbettelmann mit Bischofssauce

125 g Pumpernickel
3 EL Butter oder Margarine
1¼ TL Nelken, gemahlen
1 TL Zimt, gemahlen
500 g Äpfel, geschält und
*   in Spalten geschnitten*
3 EL Vollrohrzucker
30 g Sultaninen
3 EL Weißwein
1 EL Rum
¼ l Rotwein
2 EL rotes Johannisbeergelee
½ TL abgeriebene Zitronenschale
½ TL Piment, gemahlen
½ TL Johannisbrotkernmehl

Pumpernickel zerbröseln und mit Butter oder Margarine, Nelken und einem halben Teelöffel Zimt in der Pfanne anrösten. Apfelspalten, zwei Eßlöffel Zucker und Sultaninen in Weißwein und Rum andünsten. In eine Auflaufform abwechselnd Brot und Äpfel schichten, dabei mit Brot beginnen und auch aufhören. Bei 180 – 200° C etwa 30 Minuten backen.
Für die Bischofssauce Rotwein, Johannisbeergelee, den restlichen Zucker, Zitronenschale, Piment und den restlichen Zimt bei milder Hitze aufkochen und mit Johannisbrotkernmehl binden. Abgekühlt zum Bettelmann servieren.

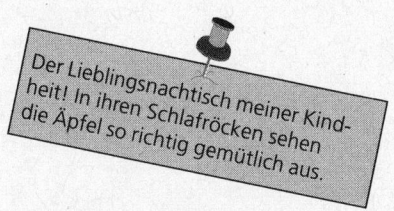

Der Lieblingsnachtisch meiner Kindheit! In ihren Schlafröcken sehen die Äpfel so richtig gemütlich aus.

Apfel im Schlafrock

4 mittelgroße Äpfel
150 g Weizenvollkornmehl
1 TL Backpulver
30 g Vollrohrzucker
70 g Butter oder Margarine
1 Ei
2 EL Semmelmehl
2 EL Marmelade oder Rosinen

Äpfel schälen und Kerngehäuse ausstechen. In wenig Wasser etwa zehn Minuten garen. Mehl, Backpulver, Zucker, Butter oder Margarine und Ei zu einem Teig verkneten. Den Teig ausrollen und in vier gleiche Vierecke teilen. In die Mitte der Vierecke etwas Semmelmehl streuen und jeweils einen Apfel aufsetzen. Die Höhlung der Äpfel mit Marmelade oder Rosinen füllen. Die vier Ecken des Teigstücks nach oben zusammenführen, die Ränder zusammendrücken, obenauf einen flachen Teigknopf setzen. Bei 180 – 200° C etwa 15 – 20 Minuten backen. Mit viel warmer Vanillesauce servieren.

Stövener Apfelkuchen

750 g Äpfel, geschält, entkernt
und in Spalten geschnitten
je 50 g Honig und Rosinen
1 EL Butter oder Margarine
500 g Weizenvollkornmehl
1 Päckchen Backpulver
1 Ei
100 g Vollrohrzucker
9 EL Milch
200 g Butter oder Margarine
1 Prise Salz

Äpfel, Honig und Rosinen mit wenig
Wasser und einem Eßlöffel Butter
oder Margarine andünsten. Mehl
und Backpulver mischen. Ei trennen
und die Hälfte des Eigelbs beiseite
stellen. Mehl, Ei, Zucker, sieben
Eßlöffel Milch, Butter oder Margarine und Salz zu einem glatten Teig
verkneten. Die eine Hälfte des Teigs
auf einem gefetteten Backblech ausrollen und mit der erkalteten Füllung
bestreichen. Den restlichen Teig auf
einer bemehlten Arbeitsfläche ausrollen und als Decke auf die Füllung
legen. Restliche Milch und halbes
Eigelb verquirlen und die Teigdecke
damit bestreichen. Bei 180 – 200° C
etwa eine halbe Stunde backen.

Diesen leckeren gedeckten Apfelkuchen bekam
mein Vater zu essen, als er am Heiligen Abend 1940
zum ersten Mal im Elternhaus meiner Mutter im
pommerschen Stöven zu Besuch war. Das Rezept
wird zum Nachbacken empfohlen, markierte es
doch den Beginn einer wunderbaren, über fünfzig
Jahre währenden Freundschaft.

Oma Elses Apfelplinsen

250 g Weizenvollkornmehl
½ Päckchen Backpulver
¼ l Milch
1 TL Salz
1 EL Honig
1 TL Zimt
500 g Äpfel, grob geraspelt
Öl zum Ausbacken

Mehl und Backpulver vermischen,
mit Milch, Salz, Honig und Zimt
verrühren. Äpfel unterheben und
den Teig in reichlich Öl goldbraun
ausbacken. Mit Ahornsirup oder
Kompott ein leckeres, nahrhaftes
Dessert!

Apfelkompott mit Holunderbeeren

*4 säuerliche Äpfel, geschält,
  entkernt und in Spalten (nicht
  Viertel!) geschnitten
250 g Holunderbeeren
3 EL Vollrohrzucker
1 TL Zimt*

Äpfel, Beeren Zucker und Zimt in einem halben Liter Wasser aufkochen und gut durchziehen lassen. Allein oder mit Plinsen, Pfannkuchen oder Keksen servieren.

Holunderbüsche wachsen wild in Hecken und an Feldwegen. Ein großer Busch am Rand des Gartens duftet herrlich im Frühling und versorgt uns im Herbst mit eigenen Beeren, die wir zu Marmelade, Gelee und Saft einkochen. Zusammen mit Äpfeln ergeben sie ein leckeres Herbstkompott.

Bratäpfel

*4 große säuerliche Äpfel
  (z. B. Boskop oder Ingrid Marie)
4 TL Rosinen
4 TL Nüsse oder Mandeln
4 TL Honig
1 EL Butter*

Aus den Äpfeln die Kerngehäuse ausstechen. Mit Rosinen, Nüssen oder Mandeln und Honig füllen. Zum Schluß auf jeden Apfel ein Butterflöckchen setzen. In einer gefetteten, feuerfesten Schale bei 180 – 200° C etwa 50 Minuten backen.

Gemütliche Herbstgefühle, während es draußen stürmt oder vielleicht sogar schon die ersten Flocken schneit – welche Leckerei könnte diese Gefühle nachhaltiger wecken als ein köstlicher Bratapfel? Matthias Claudius schrieb 1773 im Wandsbecker Boten: »Wenn der erste Schnee fällt, nimmt man so viel Äpfel, als Kinder und Personen im Haus sind, tut sie in den Ofen, bis sie gebraten sind, und ißt sie dann. Daß dabei allerhand vernünftige Diskurse geführt, auch oft in den Ofen hinein-geguckt werden muß, versteht sich von selbst.«

Genügsame Gartengäste: Pflaumen

Pflaumenbäume sind vor langer Zeit aus Vorderasien zu uns gekommen. Heute sind sie über die ganze Welt verbreitet. Die beiden wichtigsten Anbaugebiete, aus denen auch die meisten Trockenpflaumen stammen, sind Dalmatien und Kalifornien. Alles in allem gibt es mehr als 2000 Pflaumensorten – auch die in vielen unserer Gärten vertretenen Reineclauden und Mirabellen gehören dazu. Am häufigsten finden sich jedoch Pflaumen und Zwetschgen,

keit geschätzt: Die abführende Wirkung eingeweichter Dörrpflaumen ist allgemein bekannt.

Eine ausreichend feuchte, windgeschützte Stelle im Garten ist alles, was unser Pflaumenbaum von uns verlangt. Ansonsten wächst er problemlos, ist widerstandsfähig und braucht wenig Pflege. Die Ernte kann

die am einfachsten an ihrem Aussehen zu unterscheiden sind: Pflaumen sind größer und rundlicher, und die »Naht« an ihrer Seite ist weniger deutlich ausgeprägt. Zwetschgen dagegen sind kleiner und süßer, da sie mehr Fruchtzucker und weniger Wasser enthalten. Beide sollen bei Leber-, Gallen- und Nierenleiden heilsam sein. Getrocknete Pflaumen werden nicht nur als gesunde Süßig-

von Jahr zu Jahr allerdings sehr unterschiedlich ausfallen. In manchen Jahren werden die Blüten Opfer eines späten Frosts, in anderen setzt der Pflaumenbaum so viele Früchte an, daß die Zweige gestützt werden müssen, um sie vorm Abbrechen zu bewahren. Steht eine solche Schwemme ins Haus, greifen wir gern auf altbewährte Pflaumenrezepte zurück.

Dinkel-Pflaumen-Auflauf

250 g Dinkelvollkornmehl,
  möglichst frisch gemahlen
100 g Haselnüsse, gemahlen
½ TL Zimt
100 g Butter oder Margarine
5 EL Honig
500 g Pflaumen, halbiert
  und entsteint

Dinkelvollkornmehl, Haselnüsse und Zimt mischen. Mit Butter oder Margarine und Honig zu einer krümeligen Masse verkneten. Die Pflaumen in kleine Stücke schneiden und darunter mengen. In einer gefetteten Auflaufform bei 180 – 200° C etwa 45 Minuten backen.
Dazu paßt eine kalte Vanillesauce: 150 Gramm Magerquark, drei Eßlöffeln Honig, einem halben Päckchen Vanillepuddingpulver und zwei Eßlöffeln Rum schaumig verquirlen.

Pflaumen mit Milchreis und Marzipan

250 g Vollkornreis (Rundkorn)
1 l Milch
1 Zimtstange
abgeriebene Schale einer Zitrone
8 EL Honig
750 g Pflaumen, halbiert und
  entsteint
1 kräftiger Schuß Zwetschgenwasser
1 TL Zimt, gemahlen
3 EL gehackte Mandeln
150 g Marzinpanrohmasse
200 ml Schlagsahne

Reis in der Milch zusammen mit Zimtstange, Zitronenschale und vier Eßlöffeln Honig aufkochen lassen und etwa 45 Minuten oder nach Packungsvorschrift quellen lassen. Zimtstange herausnehmen. Pflaumen mit Zwetschgenwasser, Zimt und restlichem Honig mischen, knapp mit Wasser bedecken, etwa 20 Minuten leise köcheln und abtropfen lassen. Mandeln in einer Pfanne anrösten und unter den Reis mischen. In eine eingefettete, feuerfeste Form abwechselnd Reis und Pflaumen füllen. Marzipan und Sahne unter ständigem Rühren vorsichtig erhitzen, bis sich das Marzipan auflöst. Über den Auflauf gießen und bei 180 – 200° C etwa 30 Minuten backen.

Klassischer Zwetschgenkuchen

400 g Weizenvollkornmehl
1 Päckchen Trockenhefe
1 Prise Salz
50 g Honig
¼ l Milch, lauwarm
50 g Butter oder Margarine
1 Ei
1½ kg Zwetschgen, entsteint
Vollrohrzucker zum Bestreuen

Mehl mit Hefe, Salz und Honig mischen. Milch, Butter oder Margarine und Ei zufügen und zu einem glatten Teig verkneten. Zugedeckt an einem warmen Ort gehen lassen, bis sich der Teig etwa verdoppelt hat. Nochmals durchkneten und auf einem gefetteten Backblech ausrollen. Mit den Zwetschgen dicht belegen und bei 180 – 200° C etwa 50 Minuten backen. Je nach Geschmack mit Zucker bestreuen.

Marieluises Pflaumen-Apfel-Kompott

250 g Pflaumen, halbiert und
entsteint
4 säuerliche Äpfel, geschält,
entkernt und in Spalten (nicht
Viertel!) geschnitten
3 EL Vollrohrzucker
1 TL Zimt

Pflaumen, Äpfel, Zucker und Zimt in einem halben Liter Wasser aufkochen und gut durchziehen lassen. Allein oder mit Plinsen, Pfannkuchen oder Keksen servieren.

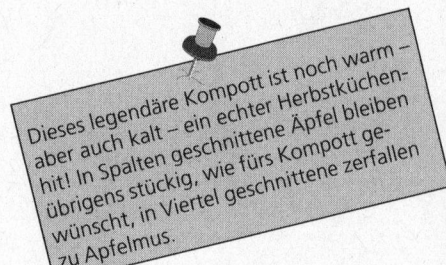

Dieses legendäre Kompott ist noch warm – aber auch kalt – ein echter Herbstküchenhit! In Spalten geschnittene Äpfel bleiben übrigens stückig, wie fürs Kompott gewünscht, in Viertel geschnittene zerfallen zu Apfelmus.

Pflaumen-Quark-Auflauf

500 g Pflaumen, entsteint
500 g Quark
100 g Weizenvollkornmehl
1 TL Backpulver
65 g Butter
1 altbackenes Vollkornbrötchen,
  eingeweicht und ausgedrückt
1 Ei
1 TL Honig

Pflaumen in eine flache, gefettete
Auflaufform geben. Die restlichen
Zutaten zu einem cremigen Teig
verquirlen und darüber gießen. Bei
180 – 200° C etwa 30 Minuten
goldgelb backen.

Zugegeben, die lange Kochzeit der
Früchte widerspricht den Regeln der
Vollwertkost. Zum Ausgleich kommt
das folgende Rezept jedoch mit äußerst
wenig Zucker aus und brennt auch
ohne Rühren nicht an. Und wer könnte
schon einem Butterbrot mit frischem
Pflaumenmus widerstehen?

Pflaumenmus à la Ulla

2,5 kg Pflaumen
250 g Vollrohrzucker
1/8 l Essig
10 Gewürznelken
1/2 TL gemahlene Nelken
2 Zimtstangen
1/2 TL gemahlener Zimt
1/2 TL gemahlener Kardamom

Alle Zutaten zusammen in einen
großen Kochtopf geben und über
Nacht stehen lassen. Am nächsten
Tag ohne Rühren fünf Stunden
kochen lassen, dann kaltrühren, bis
das Mus sämig ist.

Bodenständig, beliebt, bekömmlich: Birnen und Brombeeren

Wer von uns hat nicht als Kind die endlosen Strophen über Herrn von Ribbeck zu Ribbeck im Havelland und seine köstlichen Birnen auswendig lernen müssen? Beim ganz bewußten Genuß einer wirklich reifen, saftigen Birne wissen wir die Freigiebigkeit dieses berühmten Wohltäters im nachhinein erst richtig zu schätzen. Dabei kommt es gar nicht so sehr auf das Äußere an. Während sich so manche rotwangige Supermarktschönheit als fade Enttäuschung erweist, kann eine krumm gewachsene, grobhäutige Birne ein geradezu unglaubliches Aroma entfalten. Beim Verzehr der nur kurzfristig lagerfähigen Früchte kommt es vor allem darauf an, den richtigen Zeitpunkt zu erwischen. Der berühmte englische Gärtner John

Seymour schrieb: »Es gibt einen Tag im Leben jeder Birne, an dem sie wirklich perfekt ist, und dann ist ihr Aroma tatsächlich unvergleichlich.« Birnbäume sind wärmeliebender als Apfelbäume und mögen kein hohes Grundwasser. An einem geeigneten Standort können sie jedoch mühelos bis zu 20 Meter hoch und 100 Jahre alt werden.

Die mit der Himbeere eng verwandte Brombeere ist in allen gemäßigten Klimazonen der Welt als wildwachsende Pflanze zu Hause. In Feld und Wald bildet sie dichte Hecken, um die wir wegen der vielen Dornen mit respektvollen Abstand herumpflücken müssen. Pflanzen wir Brombeeren im Garten an, können wir den Wuchs steuern oder uns sogar für eine der neueren dornenlosen Sorten entscheiden. Dabei sollten wir nie vergessen, daß wir eine Waldpflanze in unseren Garten geholt haben. Eine dichte Mulchdecke aus Rinde und Laub wirkt bei dieser Pflanze Wunder. Brombeeren gelten als supergesund: Blätter, Blüten und Wurzeln der Pflanze werden in der Naturheilkunde verwendet. Beeren und Saft sind blutbildend und heilsam für Magen, Darm und Blase. Und warmer Brombeersaft ist ein Geheimtip gegen Heiserkeit und bei einer überanstrengten Stimme. Aber auch in der Herbstküche spielen Birnen und Brombeeren eine schmackhafte Rolle.

Birnen-Käse-Quiche

250 g Weizenvollkornmehl
1 Eigelb
1 TL Salz
1 TL Essig
125 g Butter oder Margarine
100 g Gorgonzola oder Roquefort
1 Ei
100 g saure Sahne
Pfeffer
4 reife Birnen, geschält,
  entkernt und halbiert
4 EL Preiselbeermus

Mehl, Eigelb, Salz, Essig und Butter
oder Margarine verkneten. Je nach
Bedarf bis zu vier Eßlöffel kaltes
Wasser zugeben, so daß ein ge-
schmeidiger Teig entsteht. Eine
Quiche- oder Springform damit auslegen und bei 180 – 200° C etwa
zehn Minuten vorbacken. Käse, Ei
und saure Sahne verrühren. Die
Käsecreme mit Pfeffer würzen und
auf den vorgebackenen Boden streichen. Mit den Birnenhälften belegen
und dem Preiselbeermus verzieren.
Bei 180 – 200° C weitere 25 Minuten backen.

Birnen überbacken

4 Birnen, geschält, entkernt und
  geviertelt
2 EL Zitronensaft
1 Zimtstange
3 Gewürznelken
3 Eier
½ TL Zimt, gemahlen
4 EL Apfelsinensaft
4 EL Haselnüsse, gemahlen
1 EL Vollrohrzucker

Birnen in einen Topf geben und mit
Wasser bedecken. Zitronensaft, Zimtstange und Gewürznelken dazugeben, zehn Minuten leise köcheln und
abtropfen lassen. Birnen längs in
Scheiben schneiden und in eine
gefettete Auflaufform geben. Eier
trennen. Eigelb mit Zimt und Apfelsinensaft verrühren und auf den
Birnen verteilen. Eiweiß sehr steif
schlagen, vorsichtig mit den Haselnüssen und dem Zucker mischen
und über die Birnen streichen. Bei
180 – 200° C etwa 30 Minuten
backen.

Verlorene Eier in Tomaten-Birnen-Sauce

4 Birnen, geschält, entkernt und
* halbiert*
1 EL Vollrohrzucker
1 große Zwiebel, grob gehackt
1 EL Butter oder Margarine
1 EL Weizenvollkornmehl
8 Tomaten, geschält und gewürfelt
Kräutersalz, Pfeffer, Vollrohrzucker,
* Tomatenmark*
½ Bund Petersilie, fein gehackt
8 Eier
Essig

Birnen in einem halben Liter Wasser mit dem Zucker weichkochen. Kochwasser aufbewahren. Zwiebel in der Butter oder Margarine glasig dünsten, Mehl einrühren, mit einer Tasse kaltem (!) Wasser löschen und glattrühren. Birnenwasser und Tomaten zugeben, einige Minuten kochen und im Mixer oder mit dem Pürierstab pürieren. Birnen zugeben, mit Kräutersalz, Pfeffer, Zucker, Tomatenmark und Petersilie abschmecken. In einem großen Topf reichlich Wasser mit einem guten Schuß Essig zum Kochen bringen. Die Eier einzeln in eine Suppenkelle aufschlagen und vorsichtig ins Essigwasser gleiten lassen. Etwa fünf Minuten kochen, mit dem Schaumlöffel herausholen, in eine Schüssel legen und mit der Sauce begießen. Dazu schmeckt Vollkornreis.

Ein originelles und zugleich sehr preiswertes Gericht aus der Zeit meiner studentischen Wohngemeinschaftsküche.

Brombeer-Quark-Auflauf

2 Eier
60 g weiche Butter oder Margarine
2 EL Honig
1 Päckchen Vanillepuddingpulver
abgeriebene Schale einer Zitrone
1 EL Vollkorngrieß
1 Prise Salz
500 g Magerquark
300 g Brombeeren

Eier trennen. Eigelb mit Butter oder Margarine, Honig, Vanillepuddingpulver, Zitronenschale, Grieß und Salz verrühren. Mit dem Quark vermischen. Eiweiß sehr steif schlagen und vorsichtig unterheben. Die Hälfte der Masse in eine sehr gut gefettete Auflaufform füllen, mit den Brombeeren belegen und mit der restlichen Quarkmasse bedecken. Bei 180 – 200° C etwa 45 Minuten backen, bis der Auflauf schön gebräunt ist.

Brombeertorte

150 g Weizenvollkornmehl
1 TL Backpulver
3 Eier
75 g Butter oder Margarine
120 g Vollrohrzucker
120 g Mandeln, gemahlen
1 TL Zimt
500 g Brombeeren

Mehl und Backpulver mischen. Eier
trennen. Eigelb mit Mehl, Butter
oder Margarine und der Hälfte des
Zuckers zu einem glatten Teig verkneten. Zwei Drittel des Teigs auf
dem Boden einer gefetteten Springform ausrollen, das restliche Drittel
zu einer langen Schlange rollen und
daraus einen Rand formen.
Bei 180 – 200° C etwa 15 Minuten
vorbacken. Eiweiß mit dem restlichen Zucker steif schlagen.
Mandeln, Zimt und Beeren vorsichtig
unterheben und die Masse auf den
vorgebackenen Teig geben. Bei
160 – 180° C noch einmal etwa
40 Minuten backen.

Je kälter die Herbstabende werden,
desto sehnsüchtiger schielen wir nach
den Flaschen mit dem dunkelvioletten
Feuerwasser. Doch für das Aroma ist es
wichtig, daß der »Aufgesetzte« lang
genug durchzieht. Das erste Schlück-
chen ist dann im Winter ein ganz be-
sonderer Genuß. Nach traditionellem
Rezept wird der Likör mit Kandiszucker
hergestellt; hier eine Variante mit Vollrohrzucker.

Brombeerlikör

200 g Brombeeren
150 g Vollrohrzucker
1 Zimtstange, mehrmals gebrochen
1 Flasche klarer Korn

Brombeeren mit Zucker und der
Zimtstange mischen, in ein großes
Glas geben, mit Korn aufgießen und
gut verschließen. Alle zwei Wochen
kräftig schütteln oder umrühren.
Mindestens zwei Monate ziehen
lassen. Anschließend filtern, in
Flaschen füllen und nochmals
einen Monat ruhen lassen.

Ein prachtvoller goldgelber Riese: der Kürbis

Zu den eigenwilligsten und sympathischsten Gartenbewohnern gehört zweifellos der Kürbis. Aus einem einzigen Samenkorn entwickelt sich eine kräftige Pflanze, die quer durch den ganzen Garten wandert. Wir können förmlich zusehen, wie sie wächst, und uns neugierig fragen, wo sie wohl ihre großen, schweren Früchte ablegen wird. In einem Jahr entwischte uns einer der Triebe sogar durch den Gartenzaun, um mitten auf der Heuwiese unseres Nachbarn eine riesige Kürbisfrucht zu bilden. Der Nachbar war so nett, um den Kürbis herumzumähen, und so konnten wir den Ausreißer im Herbst sicher nach Hause rollen.

Der kaliumreiche, zugleich aber natriumarme Kürbis ist sehr gesund. Er gilt als harntreibend und besonders wirkungsvoll bei Herz- und Nierenleiden. Der Verzehr von Kürbiskernen hat sich bei Prostata- und Blasenerkrankungen als heilsam erwiesen. Trotz all dieser Vorzüge wissen jedoch viele mit den großen Kürbisfrüchten nicht allzu viel anzufangen.

Dabei läßt sich aus reifen Kürbissen sehr viel mehr zubereiten als süßsauer eingekochtes Kompott. Die meisten der folgenden Rezepte stammen aus den USA, wo Kürbisse nicht nur als ausgehöhlte Halloween-Laternen, sondern auch als Grundlage für die verschiedenartigsten Gerichte sehr beliebt sind. Mit eigenen Augen habe ich gesehen, wie sich dort im Herbst vor den Gemüseläden meterhoch die reifen, dunkelgelben Früchte stapeln.

Kürbis-Chutney

500 g Kürbisfleisch, gewürfelt
500 g Äpfel, geschält, entkernt
und gewürfelt
250 g Honig
1/8 l Essig
1 TL Chili, getrocknet und klein
geschnitten
1 TL Salz
3 TL Senfkörner

Kürbis- und Apfelwürfel mit Honig, Essig und den Gewürzen in einem flachen, breiten Kochtopf offen so lange köcheln lassen, bis die Flüssigkeit verdunstet ist. Soll das Chutney eher stückig bleiben, brauchen wir nicht zu rühren; soll es eher breiartig werden, rühren wir zum Schluß gut durch. Das Chutney noch heiß in Gläser mit Twist-Off füllen und gut verschließen.

Das goldgelbe Chutney paßt her-vorragend zu Bratlingen oder gebackenem Camembert, aber auch allein aufs Butterbrot.

Kürbissuppe

1 kg Kürbisfleisch
2 TL Gemüsebrüheextrakt
Salz, Pfeffer
1 Prise Vollrohrzucker
2 EL Butter
3 EL Kürbiskerne
1 Bund Petersilie

Kürbis grob in Stücke schneiden und in leicht gesalzenem Wasser etwa 20 Minuten leise köcheln. Auf einem Sieb abtropfen lassen und das Kochwasser auffangen. Kürbisstücke im Mixer oder mit dem Pürierstab pürieren und zurück in den Kochtopf geben. So viel Kochwasser unterrühren, daß die Suppe eine cremige Konsistenz bekommt. Mit Gemüsebrüheextrakt, Salz, Pfeffer und Zucker abschmecken. Kurz vor dem Servieren Butter einrühren und die Suppe mit Kürbiskernen und Petersilie bestreuen.

Besonders schön kommt diese Suppe zur Geltung, wenn wir von einem kleinen, etwa zwei Kilo schweren Kürbis einen Deckel abschneiden, das Kerngehäuse entfernen und ein Kilo Kürbisfleisch aushöhlen. Dann können wir die fertige Suppe in dem Kürbis servieren und beim Auffüllen mit der Suppenkelle jedesmal ein paar frische Stücke Fruchtfleisch von der Wand lösen. Aber auch aus einem ganz normalen Topf schmeckt die Kürbissuppe herbstlich lecker.

Pumpkin Pie
(Süßer Kürbiskuchen)

2 Tassen Weizenvollkornmehl
1 TL Backpulver
1 TL Salz
²/₃ Tasse Margarine
5 – 7 EL kaltes Wasser
1½ Tassen Kürbis,
* gedünstet und zerdrückt*
¾ Tasse Honig
je ½ TL Salz, Muskat
* und gemahlene Nelken*
je 1 TL Zimt und Ingwer
3 Eier, schaumig geschlagen
1¼ Tassen Milch
²/₃ Tasse Schlagsahne

Mehl, Backpulver, Salz, Margarine
und Wasser zu einem Teig verkneten
und eine Stunde an einem kühlen
Ort ruhen lassen. Zwei Drittel des
Teigs auf dem Boden einer gefetteten
Pie-Form oder Springform verteilen,
den Rest zu einer langen Schlange
rollen und daraus einen Rand formen. Bei 180 – 200° C etwa 20 Minuten backen. Inzwischen Kürbispüree, Honig, Gewürze, Eier, Milch
und Schlagsahne gut verrühren und
den vorgebackenen Teig damit füllen.
Zunächst eine Viertelstunde lang bei
200 – 220° C, dann 50 Minuten
lang bei 175 – 180° C backen.

Dieser amerikanische Klassiker wird – manchmal
mit Schlagsahne oder Vanilleeis – im Herbst
häufig als Nachtisch serviert. Auf keinen Fall
fehlen darf er beim traditionellen Thanksgiving
Dinner, mit dem am vierten Donnerstag im
November an die erste Ernte der Pilgermütter
und -väter im Jahre 1621 erinnert wird.

Kürbis-Pizza

500 g Weizenvollkornmehl
1 Päckchen Trockenhefe
1 Ei
5 EL Olivenöl
1 TL Vollrohrzucker
1 TL Salz
¼ l lauwarmes Wasser
1½ kg Kürbisfleisch, in fingerbreite
* Scheiben geschnitten*
4 Zwiebeln, in Ringe geschnitten
2 EL Butter oder Margarine
150 g saure Sahne
Salz, Pfeffer, Muskat
200 g mittelalter Gouda

Mehl und Hefe mischen. Mit Ei, Öl,
Zucker und Salz sowie einem Viertelliter lauwarmem Wasser zu einem
geschmeidigen Teig verkneten. An
einem warmen Ort zugedeckt eine
Stunde gehen lassen und anschließend auf einem gefetteten Backblech
ausrollen. Kürbis in wenig Salzwasser
aufkochen, drei Minuten ziehen und
abtropfen lassen. Zwiebeln in der
Butter oder Margarine goldgelb dünsten. Sahne mit Salz, Pfeffer und
Muskat würzen und auf den Teig
streichen. Kürbisscheiben und Zwiebelringe darauf verteilen. Mit Käse
bestreuen und noch einmal kräftig
pfeffern. Im leicht angewärmten
Ofen wieder eine halbe Stunde
gehen lassen, anschließend bei
180 – 200° C etwa 40 Minuten
backen.

Kürbisomelett

1 kg Kürbisfleisch, gewürfelt
4 EL Butter oder Margarine
1 Tasse Wasser
2 Stangen Lauch, in schmale
* Ringe geschnitten*
4 Eier
300 ml Schlagsahne
Salz, Pfeffer, Muskat
4 EL Öl
1 Bund Petersilie, fein gehackt

Kürbis in der Hälfte der Butter oder Margarine andünsten, eine Tasse Wasser zugießen, zehn Minuten garen und im Mixer oder mit dem Pürierstab pürieren. In der restlichen Butter oder Margarine Lauch andünsten und mit dem Kürbispüree mischen. Eier, Sahne und Gewürze verquirlen und unter den Gemüsebrei heben. Öl in einer Pfanne erhitzen, die Gemüsemasse hineingießen und bei geschlossenem Deckel stokken lassen. Mit Petersilie bestreuen.

Kürbisbrot

3 EL heller Honig
50 g Vollrohrzucker
2 EL Öl
50 g Mandelblättchen
50 g Rosinen
geriebene Schale und Saft
* einer Apfelsine*
175 g Kürbis, in wenig Wasser
* gedünstet und zerdrückt*
175 g Weizenvollkornmehl
2 TL Backpulver
1 TL Salz

Honig, Zucker und Öl, Mandeln, Rosinen und abgeriebene Apfelsinenschale mischen. Nach und nach Kürbis und Mehl unterrühren. Mit dem elektrischen Schneebesen gut durchschlagen. Backpulver und Salz untermischen und soviel Apfelsinensaft dazugeben, daß der Teig zähflüssig wird. In eine gefettete Kastenform füllen und bei 180 – 200° C etwa 45 Minuten backen.

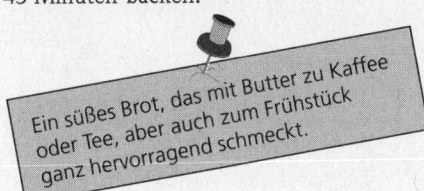

Ein süßes Brot, das mit Butter zu Kaffee oder Tee, aber auch zum Frühstück ganz hervorragend schmeckt.

Geheimnisvolle Wunderknolle: Sellerie

Zugegeben, eine Schönheit ist sie nicht, die knotige, haarige Sellerieknolle. Trotzdem – oder vielleicht gerade deshalb? – wurden ihr im Laufe der Geschichte alle möglichen Kräfte zugeschrieben. So schwor schon Kalypso, die reizende Nymphe, in deren liebevollen Armen sich der griechische Held Odysseus zehn Jahre lang von den Strapazen seiner abenteuerlichen Fahrten ausruhte, auf die aphrodisierende Wirkung des Sellerie. Hippokrates empfahl ihn bei Nervenleiden, Pfarrer Kneipp setzte ihn bei der Behandlung der verschiedensten Krankheiten ein, und Johann Jakob Grimmelshausen schrieb 1670 im »Simplizissimus«: »Wann du deinen Magen in verwichenem Summer mit Cucummern, Melonen, Pfersigen und dergleichen Dingen verderbt und unwillig gemacht hast ..., so gebrauche jetzt die Selleri täglich zum Salath, mit Pfeffer, Baumöl und ein wenig Essig angemacht, sie werden dir zu den Nieren räumen, und deiner Grathen gesund seyn oder wol thun.« Wie schön, daß sich dieses Wundergemüse ganz leicht im eigenen Garten anbauen läßt. Wir pflanzen die kleinen Setzlinge nach den Eisheiligen im Wechsel mit Blumenkohl ein, und zwar nicht zu tief, so daß später der obere Teil der Knolle noch aus dem Boden schaut. Da Sellerie wild vor allem auf salzhaltigen Böden wächst, geben wir – einem guten Rat unseres Nachbarn folgend – einen Teelöffel Salz in jedes Pflanzloch und ernten seitdem im Herbst deutlich kräftigere und größere Knollen. Auch Stangensellerie ist übrigens ganz einfach anzubauen, wobei wir auf das Bleichen tunlichst verzichten, weil die sonst im Sellerie so reichlich vorhandenen Vitamine und Mineralstoffe ohne Sonnenlicht nicht synthetisiert werden können und die Stengel ungebleicht mindestens ebenso gut schmecken. Die Blätter des Knollensellerie gehören von jeher zum klassischen Suppengrün; die Knolle selbst verleiht zahlreichen Suppen und anderen Speisen kräftige Würze. Aber auch als Hauptzutat in Eintöpfen, Aufläufen und Salaten kann sie in unserer Herbstküche für schmackhafte Abwechslung sorgen.

Sellerie und Pastinaken bilden eine ideale Geschmackskombination. Hier ein kräftiger Eintopf für stürmisch-kalte Herbsttage.

Sellerie-Eintopf mit Pastinaken

1 Stange Lauch, in dünne Streifen
  geschnitten
1 Zwiebel, grob gehackt
3 Stengel Stangensellerie,
  in Streifen geschnitten
3 EL Butter oder Margarine
1 EL Weizenvollkornmehl
1 l Gemüsebrühe
500 g Knollensellerie,
  geschält und gewürfelt
250 g Pastinaken, gewürfelt
1 Lorbeerblatt
1 TL Thymian
Salz, Pfeffer
½ Bund Petersilie, grob gehackt

Lauch, Zwiebel und Stangensellerie
in der Butter oder Margarine glasig
dünsten. Mehl zugeben und noch
einige Minuten bräunen lassen.
Gemüsebrühe, Knollensellerie und
Pastinaken zugeben, mit Lorbeerblatt, Thymian, Salz und Pfeffer
würzen und 15 – 20 Minuten köcheln lassen, dabei eventuell noch
etwas Flüssigkeit nachgießen. Mit
Salz und Pfeffer abschmecken und
mit Petersilie bestreuen.

Sellerie-Kartoffel-Auflauf

500 g Knollensellerie, gewürfelt
4 Stengel Stangensellerie,
  in Scheiben geschnitten
1 Zwiebel, fein gehackt
2 EL Butter oder Margarine
150 ml Gemüsebrühe
Salz, Pfeffer
3 Eier
750 g Kartoffeln, gekocht und
  gepellt
100 g mittelalter Gouda,
frisch gerieben

Knollensellerie, Stangensellerie und
Zwiebel in der Butter oder Margarine
glasig dünsten. Brühe zugießen und
bei geringer Hitze zehn Minuten
köcheln lassen. Mit Salz und Pfeffer
würzen. Eier trennen. Kartoffeln mit
den Eigelb vermischen und mit dem
Stampfer pürieren. Eiweiß sehr steif
schlagen und unter das Kartoffelpüree heben. Gemüse in eine gefettete
Auflaufform füllen und mit Käse
bestreuen. Mit dem Kartoffelpüree
bestreichen. Bei 180 – 200° C etwa
45 Minuten backen.

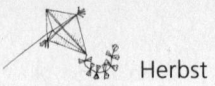

Baskisches Sellerie-Gericht

1 große Zwiebel, gehackt
1 grüne Paprika,
  in dünne Streifen geschnitten
2 EL Olivenöl
2 Tomaten, geschält und
  grob gewürfelt
1 Knoblauchzehe, zerdrückt
1 TL getrocknetes Basilikum
Salz, Pfeffer
1 kg Sellerie, geschält und in sehr
  dünne Scheiben geschnitten
Saft einer Zitrone
1 EL Weizenvollkornmehl
1 Tasse Gemüsebrühe
12 schwarze Oliven
2 EL Butter oder Margarine

Zwiebel und Paprika im Öl glasig
dünsten. Tomaten, Knoblauch und
Basilikum zufügen, weiterdünsten
und mit Salz und Pfeffer würzen.
Selleriescheiben in kochendem
Wasser mit Zitronensaft blanchieren,
abtropfen lassen und in eine gefettete
Auflaufform schichten, dabei mit
Salz, Pfeffer und Mehl bestreuen.
Gemüsebrühe über die Sellerie
gießen, mit der Tomaten-Paprika-
Mischung und den Oliven bedecken.
Butter oder Margarine in Flöckchen
aufsetzen und bei 180 – 200° C
etwa 50 Minuten zugedeckt backen.
Deckel abnehmen und noch einmal
zehn Minuten bräunen lassen.

Chefkoch Oscar Tschirky kredenzte
1893 zur feierlichen Eröffnung des
New Yorker Waldorf Hotels seine
neue Erfindung, die ihm kulinarischen
Weltruhm einbrachte. Hier eine
modernisierte Variante:

Waldorfsalat

2 – 3 junge Sellerieknollen,
  grob geraspelt
3 säuerliche Äpfel, grob geraspelt
100 g Walnüsse, grob gehackt
Saft einer Zitrone
4 EL Mayonnaise
Salz, Pfeffer
1 Prise Vollrohrzucker
4 EL Schlagsahne

Sellerie, Äpfel, Walnüsse und
Zitronensaft mischen. Mayonnaise
mit Salz, Pfeffer und Zucker würzen
und glattrühren. Sahne steifschlagen,
unter die Mayonnaise heben und in
den Salat mischen. Zugedeckt im
Kühlschrank etwa eine halbe Stunde
durchziehen lassen.

Gefüllter Sellerie

100 g rote Linsen
4 kleine Sellerieknollen, geschält
1 Fenchelknolle, halbiert
50 g Mandeln, grob gehackt
150 g saure Sahne
2 EL Sellerieherzblätter, fein gehackt
2 EL Fenchelgrün, fein gehackt
1 TL Fenchelsamen
Salz, Pfeffer
100 g Emmentaler, frisch gerieben
300 g Joghurt
¼ Salatgurke, fein gewürfelt
1 Bund Petersilie, fein gehackt

Linsen in einem halben Liter Wasser
aufkochen lassen und etwa 20 Minuten ausquellen lassen. Sellerie in
Salzwasser eine halbe Stunde
kochen. Nach einer Viertelstunde
den Fenchel zugeben und mitkochen
lassen. Sellerieknollen etwas abkühlen lassen und mit einem Fruchtausstecher tief aushöhlen. Fenchel
kleinschneiden, mit Mandeln, Sahne,
Linsen, Kräutern und Gewürzen
mischen und den Sellerie damit
füllen. Die Knollen dicht nebeneinander in eine gefettete Auflaufform
setzen, mit Käse bestreuen und bei
180 – 200° C etwa eine halbe Stunde backen. Das herausgelöste Innere
der Sellerieknollen feinhacken, mit
Joghurt, Gurke und Petersilie
mischen, mit Salz und Pfeffer
würzen und als kalte Sauce zu den
gefüllten Sellerie servieren. Dazu:
Pellkartoffeln.

Gebratene Sellerriescheiben

1 großer Knollensellerie,
geschält und in acht dicke
Scheiben geschnitten
1 Ei
4 EL Semmelmehl
Öl zum Braten

Sellerriescheiben in kochendem
Wasser etwa vier Minuten vorgaren.
Ei verquirlen. Die abgekühlten
Sellerriescheiben in Ei und Semmel-
mehl wenden und in reichlich Öl
goldbraun ausbacken.
Dazu schmecken Pellkartoffeln mit
Kräuter- oder Meerrettichquark oder
einer Buttersauce mit viel Petersilie.

Alte Schätze neu entdeckt:
Schwarzwurzeln und Rote Bete

Vielleicht liegt es an der traditionellen, eher einfallslosen Zubereitung, daß Schwarzwurzeln und Rote Bete – sehr zu Unrecht! – in der Gemüseküche häufig vernachlässigt werden. Im Garten sind die beiden Wurzelgemüse jedenfalls sehr einfach anzubauen.

Damit sich dicke, lange Wurzeln bilden, benötigen Schwarzwurzeln einen tief gelockerten Boden, weshalb wir sie vorzugsweise nach Kartoffeln oder Gründünger aussäen. Später brauchen wir sie nur noch zu vereinzeln und in lang andauernden Trockenperioden mit Wasser zu versorgen. Ende Oktober können wir damit beginnen, die schmackhaften Wurzeln vorsichtig auszugraben. Unseren Wintervorrat können wir in feuchtem Sand im Keller einschlagen. Da Schwarzwurzeln winterhart sind, können wir sie aber auch unter einer dicken Mulchdecke im Garten stehenlassen und je nach Bedarf ernten.

Das einzig Mühsame ist die Vorbereitung zum Kochen. Weil sie sonst fürchterlich kleben, empfiehlt es sich, Schwarzwurzeln stets unter fließendem Wasser zu schälen. Außerdem wird das helle Fleisch unter der schwarzen Haut bei Luftkontakt schnell braun, deshalb müssen wir das geschälte Gemüse sofort in Essigwasser legen. Anschließend kann es gekocht, gebraten oder überbacken werden.

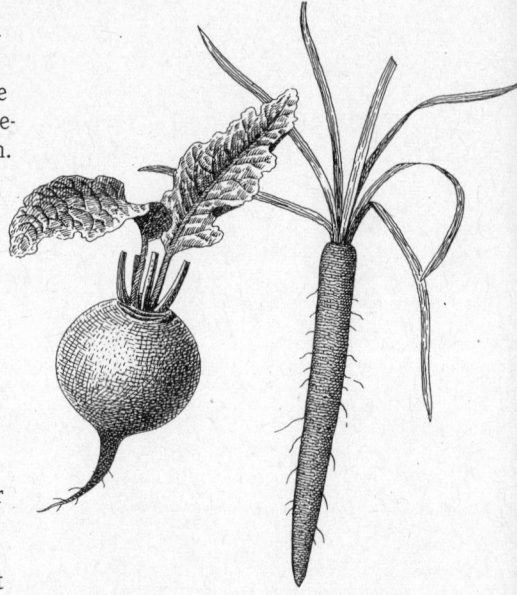

Das Auffälligste an der Roten Bete ist die intensive Färbung. Sie geht auf den Farbstoff Rotanthocyan zurück, der sich auf das menschliche Immunsystem kräftigend auswirken soll. Darüber hinaus besitzen die roten Rüben aber auch noch viele andere gesunde Inhaltsstoffe, darunter vor allem Silizium, Eisen und Magnesium. Auch Rote Bete lassen sich für den Winter in feuchtem Sand einschlagen, und die Zubereitungsmöglichkeiten gehen, wie wir sehen werden, über das übliche Einlegen in Essig weit hinaus. Viel Spaß beim Wieder- und Neuentdecken dieser gesunden Köstlichkeiten!

Schwarzwurzeln mit Kräutersauce

6 EL Essig
2 EL Weizenvollkornmehl
1 kg Schwarzwurzeln
½ TL Salz
1 EL Senfkörner
1 Lorbeerblatt
150 g saure Sahne
150 g Magerquark
2 Tassen frische Kräuter,
fein gehackt
2 Zwiebeln, fein gehackt
Salz, Pfeffer
1 Ei, hartgekocht und fein gehackt

Einen Liter Wasser mit je zwei Eßlöffeln Essig und Mehl vermischen. Schwarzwurzeln unter fließendem Wasser schälen und sofort in das Essig-Mehl-Bad legen. Einen halben Liter Wasser mit Salz, den restlichen vier Eßlöffeln Essig, den Senfkörnern und dem Lorbeerblatt zum Kochen bringen. Schwarzwurzeln hineingeben und eine Viertelstunde köcheln lassen. Inzwischen Sahne mit Quark, Kräutern und Zwiebeln mischen. Mit Salz und Pfeffer abschmecken. Kräutersauce über die abgetropften Schwarzwurzeln geben und zuletzt mit dem feingehackten Ei bestreuen. Dazu schmecken Pellkartoffeln oder Vollkornbrot mit Butter.

Schwarzwurzelsuppe

2 EL Essig
2 EL Weizenvollkornmehl
1 kg Schwarzwurzeln
2 Zwiebeln, gehackt
2 EL Butter oder Margarine
1 l Gemüsebrühe
3 mittelgroße Kartoffeln,
geschält und grob gewürfelt
200 ml Schlagsahne
eine Handvoll Kerbel, Petersilie
oder Zitronenmelisse

Essig und Mehl mit einem Liter Wasser vermischen. Schwarzwurzeln unter fließendem Wasser schälen, in zwei Zentimeter lange Stücke schneiden und sofort in das Essig-Mehl-Bad legen. Zwiebeln in der Butter oder Margarine glasig dünsten. Gemüsebrühe zugießen, Kartoffeln und Schwarzwurzeln zugeben und etwa 20 Minuten kochen. Im Mixer oder mit dem Pürierstab pürieren. Sahne unterrühren und mit den Kräutern bestreuen.

Gebratene Schwarz-wurzeln mit Käsekruste

2 EL Zitronensaft
500 g Schwarzwurzeln
1 Ei
1 TL Salz
1 Tasse Semmelbrösel
1 Tasse Emmentaler oder Parmesan,
  frisch gerieben
½ Tasse Weizenvollkornmehl
Öl zum Braten

Zitronensaft mit einem Liter Wasser zum Kochen bringen. Schwarzwurzeln unter fließendem Wasser schälen, in etwa sieben Zentimeter lange Stücke schneiden und sofort in das kochende Zitronenwasser geben. Etwa zehn Minuten kochen, anschließend abkühlen und abtropfen lassen. Das Ei verquirlen und mit dem Salz würzen, Semmelbrösel und Käse vermischen. Die Schwarzwurzeln nun zuerst in Mehl, dann in Ei und abschließend in der Semmelbrösel-Käse-Mischung wälzen. In reichlich Öl goldgelb braten.

Als warme Vorspeise wie als Beilage gleichermaßen geeignet.

Rote Bete-Nudelgratin

400 g Vollkornnudeln
1 Zwiebel, gehackt
1 EL Butter oder Margarine
700 g Rote Bete, geschält
  und grob geraspelt
200 ml Schlagsahne
Salz, Pfeffer
1 TL Kümmel, ganz
1 TL Koriander, ganz
1 TL getrockneten Majoran
150 g Emmentaler, frisch gerieben

Nudeln in reichlich Salzwasser bißfest garen. Zwiebel in der Butter oder Margarine glasig dünsten. Rote Bete und Sahne zugeben und fünf Minuten leise köcheln lassen. Mit Salz, Pfeffer, Kümmel, Koriander und Majoran würzen. Mit den Nudeln mischen und in eine gefettete Auflaufform geben. Mit Käse bestreuen und bei 180 – 200° C etwa 40 Minuten goldbraun backen.

Von der russischen Nationalspeise soll es unzählige Geheimrezepte geben. Hier meine vegetarische Variante. Am besten schmeckt sie à la Witwe Bolte: wieder aufgewärmt.

Borschtsch

1 Zwiebel, fein gehackt
2 Stangen Sellerie, in feine
  Streifen geschnitten
2 EL Butter oder Margarine
1½ l Gemüsebrühe
1 Möhre, fein gewürfelt
1 Petersilienwurzel, fein gewürfelt
1 große Rote Bete, grob gewürfelt
1 Tasse Weiß- oder Rotkohl,
  fein geschnitten
1 Knoblauchzehe, zerdrückt
1 TL Thymian
2 EL Tomatenmark
3 Pfefferkörner
Kräuteressig, Salz
150 g saure Sahne

Zwiebel und Sellerie in der Butter oder Margarine glasig dünsten. Gemüsebrühe zugießen und zum Kochen bringen. Möhre, Petersilienwurzel, Bete, Kohl, Knoblauch, Thymian, Tomatenmark und Pfefferkörner zugeben und etwa 30 Minuten kochen. Im Mixer oder mit dem Pürierstab nur grob pürieren. Bei Bedarf noch etwas Wasser zugießen und mit Kräuteressig und Salz abschmecken. Beim Servieren in die Mitte jedes Tellers einen Klecks saure Sahne setzen.

Rote Bete-Salat

3 mittelgroße Rote Bete, geschält
  und grob geraspelt
2 Äpfel, grob geraspelt
2 Handvoll frische Sprossen
  (z. B. Alfalfa, Rettich oder Kresse)
2 EL Öl
2 EL Obstessig
½ TL Anis, gemahlen
½ TL Koriander, gemahlen
1 Prise Muskat
1 Prise Nelken, gemahlen
1 Bund Schnittlauch, fein
  geschnitten

Rote Bete, Äpfel und Sprossen vermischen. Öl, Essig und Gewürze verquirlen und unter den Salat heben. Mit Schnittlauch bestreuen.

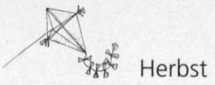

Kohl mit Köpfchen: Wirsing

Kohl ist eine uralte Kulturpflanze, die schon in der Antike angebaut wurde. Zu den wohlschmeckendsten und vielseitigsten Arten gehört sicherlich der Wirsingkohl. Im Garten braucht er viel Platz und viele Nährstoffe. Deshalb muß das Kohlbeet schon im Vorherbst gut mit Kompost und organischem Dünger vorbereitet werden. Frischen Mist als Düngung verträgt der Kohl jedoch nicht. Eine dicke Mulchdecke, die den Boden feucht hält, fördert sein Wachstum, und am wohlsten fühlt er sich, wenn er von üppig blühenden Kamillepflanzen umgeben ist.

Wirsinggerichte sind ein echter Spätherbstgenuß. Während rundherum schon viele Beete abgeerntet werden, bleibt der Wirsingkohl beharrlich stehen, um in den ersten richtig kühlen Herbstnächten sein volles Aroma zu entfalten. Er kann aber auch bis zum Frost draußen bleiben, und späte Sorten lassen sich in einem dunklen, kühlen und luftigen Raum problemlos bis in den Winter hinein lagern.

Wirsingkohl ist ein extrem gesundes Gemüse, enthält neben Vitamin C, Eisen und Betacarotin reichlich Ballaststoffe, stärkt das Immunsystem und soll eine krebsvorbeugende Wirkung haben. Möglichen Blähungen können wir entgegen wirken, indem wir mit Kümmel, Anis, Fenchel oder Dillsamen würzen.

Wärmen wir uns doch nach den ausgiebigen Aufräumarbeiten im herbstkalten Garten als erstes an einer kräftigen Wirsingkohlsuppe.

Wirsingkohlsuppe

350 g Wirsing,
  in Streifen geschnitten
3 EL Butter oder Margarine
3 EL Mehl
1 TL Dillsamen
1 l Gemüsebrühe
150 g saure Sahne
Salz, Pfeffer

Wirsing in einen Topf geben, 200 ml
Wasser zugießen und zugedeckt
etwa 20 Minuten dünsten. Bei Bedarf noch etwas Wasser zugeben.
Anschließend im Mixer oder mit
dem Pürierstab pürieren. Butter oder
Margarine in einem Topf erhitzen,
Mehl und Dillsamen zugeben,
Gemüsebrühe zugießen und unter
Rühren zum Kochen bringen. Den
pürierten Wirsing und die Sahne
unterheben. Mit Salz und Pfeffer
abschmecken.

Wirsingauflauf

500 g Kartoffeln, geschält und in
  dünne Scheiben geschnitten
5 EL Butter oder Margarine
Salz, Pfeffer
750 g Wirsingkohl, in feine
  Streifen geschnitten
Kümmel
250 g geräucherter Tofu,
  fein gewürfelt
200 ml Schlagsahne
1 Tasse Milch
1 Ei
100 g Emmentaler, frisch gerieben

Kartoffeln in der Hälfte der Butter
oder Margarine anbraten. Mit Salz
und Pfeffer würzen. Wirsing im
restlichen Fett andünsten und mit
Salz, Pfeffer und Kümmel würzen.
Die Hälfte der Kohlmasse in eine
gefettete Auflaufform geben, darüber
die Kartoffeln und die Tofuwürfel
verteilen. Mit dem restlichen Wirsing
bedecken. Sahne, Ei und Käse
verquirlen und darübergießen. Bei
200° C etwa 40 Minuten backen.

Wirsingkohl mit Grünkern und Pilzen

200 g Grünkern
1 kleiner oder ½ großer Wirsingkohl
250 g Champignons, in Scheiben
  geschnitten
2 EL Butter oder Margarine
2 große Tomaten, in Achtel
  geschnitten
Salz, Pfeffer
2 TL Kümmel
50 g Parmesan, frisch gerieben
2 EL Kürbiskerne
½ Bund Petersilie

Grünkern in einem halben Liter Wasser aufkochen und bei geringer Hitze 45 Minuten ausquellen lassen. Kohlkopf vom Strunk aus in vier gleich große Teile schneiden und in Salzwasser zugedeckt 15 Minuten garen. Champignons in der Butter oder Margarine dünsten, Tomaten und Grünkern zufügen und noch kurz mitdünsten lassen, mit Salz und Pfeffer würzen. Kohlstücke in eine große, flache Schüssel oder auf vier Teller verteilen und mit Kümmel bestreuen. Grünkohl-Pilz-Mischung darübergeben und mit Käse, Kürbiskernen und Petersilie garnieren.

Wirsing süß-sauer

1 Zwiebel, gehackt
4 Möhren, in dünne Scheiben
  geschnitten
500 g Wirsing,
  in schmale Streifen geschnitten
4 EL Öl
300 ml Apfelsaft
2 EL Zitronensaft
1 kleinere Ananas,
  geschält und gewürfelt
1 Prise Salz, Pfeffer
1 EL Honig
1 TL Anissamen

Zwiebel, Möhren und Wirsing im Öl kräftig dünsten. Apfel- und Zitronensaft zugießen. Ananas, Salz, Pfeffer, Honig und Anis unterrühren und zugedeckt etwa eine Viertelstunde garen lassen. Dazu schmeckt Vollkornreis oder ein anderes gekochtes Getreide (z. B. Hafer).

Uwes gefüllter Wirsingkohl

1 Tasse Vollkornreis
1 EL getrocknete Steinpilze
1 TL Kräuter der Provence
3 Tassen Gemüsebrühe
1 mittelgroßer Wirsingkohl
2 Zwiebeln, fein gehackt
1 Knoblauchzehe, zerdrückt
3 EL Olivenöl
Kräutersalz, Pfeffer, Kümmel
50 g Parmesan, frisch gerieben

Reis mit Pilzen und Kräutern in der Gemüsebrühe aufkochen und etwa 45 Minuten ausquellen lassen. Wirsing an der Unterseite flach abschneiden. Oben einen Deckel abnehmen und mit Messer und Löffel aushöhlen, so daß eine etwa zwei Zentimeter breite Wand stehenbleibt. Zwiebeln und Knoblauch im Öl glasig dünsten. Herausgelösten Kohl kleinhacken, dazugeben und mitdünsten. Mit Kräutersalz, Pfeffer und geriebenem Kümmel kräftig würzen, mit dem Reis vermischen und in den rohen Kohl einfüllen. Mit Käse bestreuen. Deckel aufsetzen und in einem geschlossenen Topf mit Dämpfeinsatz (so daß der Kohl nicht im Wasser steht) mit wenig Wasser etwa 30 Minuten garen.

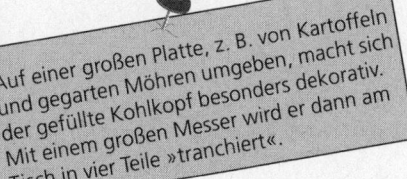

Auf einer großen Platte, z. B. von Kartoffeln und gegarten Möhren umgeben, macht sich der gefüllte Kohlkopf besonders dekorativ. Mit einem großen Messer wird er dann am Tisch in vier Teile »tranchiert«.

Wirsingwickel mit Buchweizenfüllung

150 g Buchweizen
1 Zwiebel, fein gehackt
4 EL Butter oder Margarine
½ l Gemüsebrühe
150 g Frischkäse
½ Handvoll Sellerie- oder
*   Liebstöckelblätter, fein gehackt*
Salz, Pfeffer
8 große Wirsingblätter
100 g saure Sahne

Buchweizen und Zwiebel in der Hälfte der Butter oder Margarine andünsten. Drei achtel Liter Gemüsebrühe zugießen und zugedeckt bei geringer Hitze eine halbe Stunde ausquellen lassen. Mit dem Frischkäse und den Kräutern vermischen und mit Salz und Pfeffer würzen. Wirsingblätter in sprudelnd kochendem Salzwasser wenige Minuten blanchieren. Jeweils zwei Blätter übereinanderlegen und die Füllung darauf verteilen. Wickel aufrollen, mit Küchengarn oder Rouladenklammern zusammenhalten und in dem restlichen Fett von allen Seiten anbraten. Ein achtel Liter Gemüsebrühe zugießen und zugedeckt eine halbe Stunde garen, dabei eventuell noch etwas Flüssigkeit nachgießen. Wirsingwickel mit dem Schaumlöffel herausnehmen und in eine flache Schüssel legen. Saure Sahne in die Brühe rühren, etwas einkochen lassen und über die Wickel gießen. Dazu schmecken Pellkartoffeln und Waldorfsalat (siehe Seite 106).

Winter

Nicht nur für schlechte Zeiten: Steckrüben

Die meisten Beete sind abgeerntet, unsere Gartenerde ist mit Kompost und einer dicken Mulchschicht abgedeckt, und auf den Zweigen und Halmen glitzert morgens der erste Reif. Trotzdem brauchen wir beim Gang in den winterlichen Garten den Erntekorb nicht zu Hause zu lassen. Es gibt genug Gemüsesorten, die leichte Fröste mühelos überstehen. Dazu gehört auch die Steckrübe, deren gelblich-orangefarbenes Fleisch besonders viel Vitamin A enthält. In manchen Gegenden wird sie auch »Kohlrübe« genannt. Tatsächlich handelt es sich um ein zweijähriges Kohlgewächs, das im ersten Wachstumsjahr die Nährstoffe in der Wurzel – und nicht wie die anderen Kohlsorten in den Stielen und Blättern – speichert. Aber auch die Blätter der Steckrübe sind eßbar und eine Bereicherung für Pfannengerichte und Salate.

Viele ältere Menschen verziehen angewidert das Gesicht, wenn die Sprache auf die Steckrübe kommt. Sie denken an so manchen Kriegs- und Nachkriegswinter, in dem die frostunempfindliche und gut lager-

fähige Feldfrucht als Hauptnahrungsmittel herhalten mußte. Wir Jüngeren können uns der orange-gelben Rübe unbefangener nähern. Und wer weiß, vielleicht gelingt es uns ja sogar, mit dem einen oder anderen neuen Rezept so manche, die geschworen haben, nie wieder freiwillig einen Bissen davon zu sich zu nehmen, mit diesem leckeren Gemüse auszusöhnen?

Steckrüben süß-sauer

*1 kg Steckrüben, in Würfel
   geschnitten
16 kleine Zwiebeln oder Schalotten,
   geschält
2 Mango, geschält und in feine
   Streifen geschnitten
4 EL Butter oder Margarine
2 EL mittelscharfer Senf
2 EL Essig
2 EL Vollrohrzucker
1 Kopf Radicchio- oder Lollo Rosso-
   Salat, in feine Streifen geschnitten*

Steckrüben in Salzwasser zehn
Minuten kochen, nach fünf Minuten
Zwiebeln dazugeben und mitgaren,
abgießen und abtropfen lassen. Steckrüben, Zwiebeln und Mangostreifen
in der Butter oder Margarine rundherum goldbraun anbraten. Senf,
Essig und Zucker mischen, dazugießen und noch einmal aufkochen
lassen. Kurz vor dem Servieren den
Salat unterheben. Dazu schmeckt
gekochte Hirse oder Vollkornreis.

Wruken (Steckrübeneintopf)

*750 g Steckrüben, gewürfelt
3 Kartoffeln, gewürfelt
3 Möhren, in Scheiben geschnitten
300 ml Gemüsebrühe
1 TL getrockneter Majoran
250 g geräucherter Tofu, in dicke
   Scheiben geschnitten
Senf*

Steckrüben, Kartoffeln und Möhren
mischen, mit Gemüsebrühe angießen
und dem Majoran würzen. Den Tofu
darüber legen, Topf schließen und
etwa 25 Minuten kochen lassen.
Mit reichlich Senf servieren.

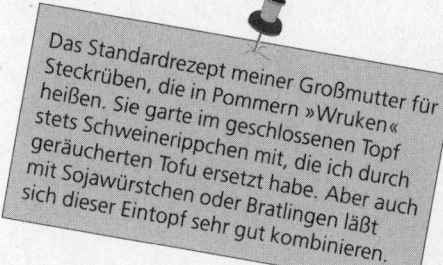

Das Standardrezept meiner Großmutter für
Steckrüben, die in Pommern »Wruken«
heißen. Sie garte im geschlossenen Topf
stets Schweinerippchen mit, die ich durch
geräucherten Tofu ersetzt habe. Aber auch
mit Sojawürstchen oder Bratlingen läßt
sich dieser Eintopf sehr gut kombinieren.

Honig harmoniert ausgesprochen gut mit dem süßlichen Aroma der Steckrüben, die gebacken besonders lecker schmecken.

Mit Honig glasierte Steckrübenscheiben

1 große Steckrübe
4 EL Butter oder Margarine
4 EL flüssiger Honig

Die Steckrübe schälen und in eineinhalb Zentimeter dicke Scheiben
schneiden. Butter schmelzen und die
Scheiben damit bestreichen.
Auf einem gefetteten Backblech bei
200° C 15 Minuten backen, umdrehen und mit Honig bestreichen.
Wieder 15 Minuten backen, noch
einmal umdrehen und mit Butter
und Honig bestreichen. Bei Bedarf
noch etwas weiterbacken, bis die
Scheiben weich sind.
Dazu schmecken z. B. Rotkohlgemüse und frisches Kartoffelpüree.

Steckrübensalat

500 g Steckrüben, grob geraspelt
2 – 3 Äpfel, grob geraspelt
4 EL Haselnüsse, grob gehackt
2 Handvoll Kresse
2 Apfelsinen, ausgepreßt
2 EL Öl

Steckrüben, Äpfel, Haselnüsse und
Kresse mischen. Apfelsinensaft und
Öl verquirlen und unter den Salat
heben.

Für unerschrockene Steckrübenfans
eine originelle Variante aus Amerika

Rutabaga Pie
(Steckrübenkuchen)

150 g Weizenvollkornmehl
1 TL Backpulver
3 Eier
75 g Vollrohrzucker
75 g Butter oder Margarine
500 g Steckrüben, gewürfelt
1 Apfel, geschält und gewürfelt
1 Birne, geschält und gewürfelt
1 EL Honig
½ TL Koriander, gemahlen
¼ TL Ingwer, gemahlen
1 Prise Salz
100 ml Schlagsahne

Mehl und Backpulver mischen. Mit
einem Ei, Zucker und Butter oder
Margarine zu einem glatten Teig
verkneten. Zwei Drittel in einer
gefetteten Springform ausrollen. Aus
dem restlichen Drittel einen drei bis
vier Zentimeter hohen Rand formen.
Bei 180 – 200° C etwa 15 Minuten
vorbacken. Steckrübe mit wenig
Wasser 15 Minuten dünsten, Apfel
und Birne zugeben, weichdünsten
und pürieren. Honig und Gewürze
unterrühren. Die restlichen beiden
Eier schaumig schlagen, Steckrüben-
mischung und Schlagsahne unterheben. Über den vorgebackenen Teig
gießen. Zunächst eine Viertelstunde
lang bei 200 – 220° C, dann etwa
30 Minuten lang bei 175 – 180° C
backen. Mit geschlagener Sahne oder
Vanilleeis servieren.

Steckrübensuppe
mit Curry

2 Zwiebeln
2 Knoblauchzehen
2 EL Butter oder Margarine
1 TL Curry
1½ l Gemüsebrühe
1 kg Steckrüben, in Würfel
  geschnitten
1 Möhre, in Würfel geschnitten
100 ml Schlagsahne
Pfeffer
Saft einer halben Zitrone
250 geräucherter Tofu,
  in feine Streifen geschnitten
1 Bund Schnittlauch, fein gehackt

Zwiebeln und Knoblauch in der
Butter oder Margarine glasig
dünsten. Mit Curry bestreuen.
Gemüsebrühe zugießen und aufkochen lassen. Steckrüben und
Möhre zugeben und etwa 25 Minuten garen lassen. Suppe im Mixer
oder mit dem Pürierstab pürieren.
Sahne unterrühren, mit Pfeffer und
Zitronensaft abschmecken. Zuletzt
mit Tofu und Schnittlauch bestreuen.

Bunte Vielfalt: Kohl Rot-Weiß-Grün

Ein gut bestücktes Kohlbeet läßt uns
dem Winter gelassener entgegen
sehen, denn während es draußen
immer kälter und dunkler wird,
versorgt uns die Kohl-Trikolore mit
wichtigen Abwehrstoffen. Die Vitamine A, B_1, B_2 und C wurden in diesen
Kohlsorten ebenso reichlich nachgewiesen wie das besonders wertvolle
Vitamin U, auch »Anti-Ulkus-Faktor«
genannt, das vor Magen- und Darm-
geschwüren schützen soll. Dazu
kommt ein hoher Anteil an Mineralstoffen, allen voran Kalzium, Kalium
und Phosphor.
Es gibt also gute Gründe dafür, Rot-,
Weiß- und Grünkohl in der Winter-
küche großzügig zu verwenden.
Daß biologisch angebauter Kohl
besonders mild und aromatisch
schmeckt, kommt uns dabei sehr
gelegen.

Selbst für den Grünkohl, der in der
traditionellen norddeutschen Küche
mit viel Fett und Fleisch zubereitet
wird, gibt es leichte vegetarische
Gerichte, in denen dieses schmackhafte Wintergemüse erst so richtig
zur Geltung kommt.

Weißkohlauflauf ·

80 g Dinkel, über Nacht eingeweicht
600 g Weißkohl,
  in feine Streifen geschnitten
300 g Champignons,
  blättrig geschnitten
2 Zwiebeln
2 EL Butter oder Margarine
4 Möhren, fein geraspelt
1 Tasse Milch
1 Bund Petersilie, fein gehackt
Salz, Pfeffer
150 g saure Sahne
2 Eier
100 g mittelalter Gouda,
  frisch gerieben

Getreide im Einweichwasser etwa
50 Minuten leise köcheln und eine
halbe Stunde nachquellen lassen.
Kohl mit wenig Wasser in einem
geschlossenen Kochtopf etwa 20 Minuten garen. Champignons und
Zwiebeln in der Butter oder Margarine dünsten. Möhren dazugeben, mit
der Milch angießen und etwa zehn
Minuten kochen lassen. Petersilie
und Getreide unterrühren und mit
Salz und Pfeffer abschmecken. Die
Hälfte des Weißkohls in eine gefettete Auflaufform geben. Getreide-Pilz-
Mischung darüber verteilen und mit
dem restlichen Weißkohl bedecken.
Saure Sahne und Eier verquirlen,
mit dem Käse vermischen und mit
Salz und Pfeffer würzen. Eventuell
noch etwas Milch unterrühren und
über den Auflauf streichen. Bei
180 – 200° C etwa 30 Minuten
backen.

Rotkohl-Apfelsinen-Salat

500 g Rotkohl, in feine Streifen
  geschnitten
2 säuerliche Äpfel, in kleine Stücke
  geschnitten
1 Apfelsine, geschält und in kleine
  Stücke geschnitten
1 Apfelsine, ausgepreßt
5 EL Essig
1 EL Honig
1 TL Salz
1 TL Paprikapulver
150 g saure Sahne
2 EL Öl

Rotkohl, Äpfel und kleingeschnittene
Apfelsine mischen. Für die Sauce
Essig mit Apfelsinensaft, Honig, Salz,
Paprikapulver, saurer Sahne und Öl
verrühren und unter den Salat
heben.

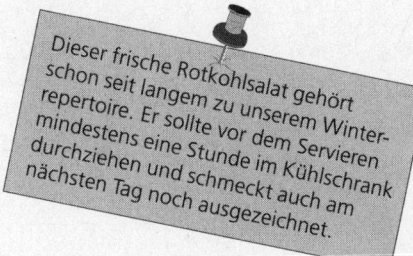

Dieser frische Rotkohlsalat gehört
schon seit langem zu unserem Winter-
repertoire. Er sollte vor dem Servieren
mindestens eine Stunde im Kühlschrank
durchziehen und schmeckt auch am
nächsten Tag noch ausgezeichnet.

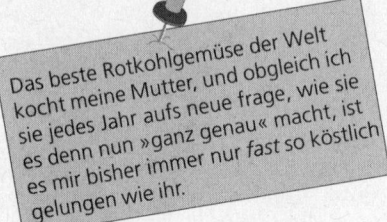

Das beste Rotkohlgemüse der Welt kocht meine Mutter, und obgleich ich sie jedes Jahr aufs neue frage, wie sie es denn nun »ganz genau« macht, ist es mir bisher immer nur fast so köstlich gelungen wie ihr.

Würziges Rotkohlgemüse, *fast* wie bei Muttern

1 mittelgroßer Rotkohl, fein gehobelt
2 Äpfel, geschält,
 entkernt und gewürfelt
3 EL Essig
3 EL Vollrohrzucker
1 TL Salz
1 EL Butter oder Margarine
2 Lorbeerblätter
3 Nelken
3 EL Johannisbeergelee

Rotkohl mit den restlichen Zutaten mischen, mit einem halben Liter Wasser angießen und zugedeckt etwa eine Dreiviertelstunde kochen lassen. Gelegentlich umrühren und eventuell noch etwas Wasser nachgießen.

Sahniger Weißkohlsalat

200 ml Schlagsahne
Zitronensaft
Salz, Pfeffer, Vollrohrzucker
1 – 2 säuerliche Äpfel,
 grob geraspelt
500 g Weißkohl,
 in feine Streifen geschnitten
1 Bund Petersilie, gehackt

Sahne halb steif schlagen, mit dem Zitronensaft und den Gewürzen abschmecken. Äpfel, Weißkohl und Petersilie unterheben.

Grünkohl mit Äpfeln

800 g Grünkohl
1 Zwiebel, gehackt
4 EL Butter oder Margarine
¼ l Gemüsebrühe
2 – 3 mittelgroße Äpfel, entkernt
und in Spalten geschnitten
2 EL Semmelbrösel
2 EL Sesam
1 EL körniger Senf
1 TL Honig
Salz, Muskatnuß

Grünkohl in kochendem Wasser eine
Minute blanchieren, abtropfen lassen
und kleinschneiden. Zwiebel in zwei
Eßlöffeln Butter oder Margarine
glasig dünsten. Grünkohl dazugeben,
Gemüsebrühe angießen und eine
halbe Stunde garen. Äpfel dazugeben
und noch einmal eine Viertelstunde
dünsten. Semmelbrösel und Sesam
im restlichen Fett goldgelb rösten.
Grünkohl mit Senf, Honig, Salz und
Muskatnuß abschmecken und mit
der Semmelbrösel-Sesam-Mischung
bestreuen.
Dazu schmecken ein cremiges
Kartoffelpüree und Sahnemeerrettich.

Grünkohlauflauf

500 g Pellkartoffeln
1 kg Grünkohl
250 g Zwiebeln
2 EL Öl
200 g Möhren, grob geraspelt
Salz, Pfeffer, Kümmel
2 Eier
200 ml Schlagsahne
60 g mittelalter Gouda

Kartoffeln in Salzwasser garen.
Grünkohl in kochendem Wasser
eine Minute blanchieren, abtropfen
lassen und kleinschneiden. Zwiebeln
im Öl glasig dünsten. Grünkohl
und Möhren dazugeben und etwa
zehn Minuten mitdünsten lassen.
Mit Salz, Pfeffer und Kümmel kräftig
abschmecken. Kartoffeln pellen, in
Scheiben schneiden und in eine
gefettete Auflaufform legen. Mit
der Grünkohlmischung bedecken.
Eier mit Sahne und Käse vermischen
und über die Masse geben. Bei
180 – 200° C etwa 30 Minuten
garen.

Frostiges Aroma: Porree und Pastinaken

Je kälter und frostiger es wird, desto deutlicher können wir in unserem Garten die Trampelpfade sehen, die zu den winterharten Gemüsen führen. Zu den unumstrittenen Winterstars gehören Porree und Pastinake. Der Porree, häufig auch Lauch genannt, ist ein Zwiebelgewächs, das ab Mitte März vorgezogen und ab Mitte Mai ins Freiland gesetzt wird. Wir pflanzen die kleinen Stengel tief ein und häufeln sie beim Hacken immer wieder ein bißchen an, damit sich schöne lange, weiße Stangen bilden. Außer Kompost braucht Porree keinen Dünger und verträgt sich – wie alle Zwiebelgewächse – besonders gut mit Salat, Erdbeeren oder Möhren. Biologisch angebauter Porree schmeckt leicht süß.

Er verträgt auch starken Frost ohne Probleme, so daß wir ihn den ganzen Winter über als vitaminreiches Frischgemüse nutzen können.

Die Pastinake, ein gelbblühendes Doldengewächs, ist eine uralte Kulturpflanze und auch in ihrer Wildform noch überall verbreitet.

Ihr hoher Nährwert ließ sie zu einem Hauptnahrungsmittel unserer Vorfahren werden, ehe sie von der Kartoffel und der Möhre verdrängt wurde. Pastinaken im eigenen Garten anzubauen, ist nicht ganz einfach. Sie brauchen einen sehr lockeren Boden (viel Kompost!), haben eine lange Keimdauer, und der Samen muß gleichmäßig feuchtgehalten werden. Außerdem verliert er rasch seine Keimfähigkeit, so daß wir unbedingt darauf achten müssen, jedes Jahr frischen Samen zu verwenden. Pastinaken wachsen sehr langsam und sind erst im Winter erntereif. Knackige Fröste verleihen ihnen ihr charakteristisches, süßlich-nussiges Aroma. Mit zwei Grabegabeln gleichzeitig heben wir die langen, dicken Wurzeln vorsichtig aus dem Boden. Ob in der Pfanne gebraten, mit Öl eingepinselt und im Backofen gebacken oder mit anderen Zutaten zu überraschenden Kombinationen gemixt – sie sind eine Köstlichkeit, die jede Mühe lohnt!

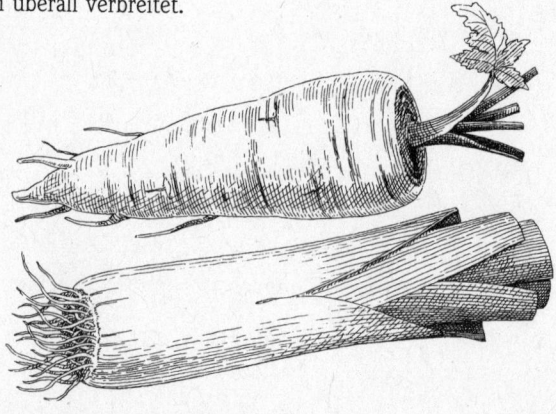

Lauchcremesuppe

500 g Porree, in feine Ringe
  geschnitten
2 EL Butter oder Margarine
1 l Gemüsebrühe
2 Möhren, in breite Scheiben
  geschnitten
2 Kartoffeln, grob gewürfelt
200 ml Schlagsahne
1 Bund Schnittlauch, fein gehackt
Salz, Pfeffer

Vom Porree eine kleine Menge (etwa
zwei Eßlöffel) aufheben, den Rest in
der Butter glasig dünsten und mit der
Gemüsebrühe angießen. Möhren
und Kartoffeln zugeben und 20 Minuten leise köcheln lassen. Im Mixer
oder mit dem Pürierstab pürieren.
Sahne, Schnittlauch und aufbewahrte
Lauchringe unterrühren, mit Salz
und Pfeffer abschmecken.

Porree-Reis-Auflauf

1½ Tassen Vollkornreis
750 g Porree, in feine Ringe
  geschnitten
1 EL Butter oder Margarine
Salz, Pfeffer
250 g Emmentaler, frisch gerieben
4 EL Semmelbrösel
2 Eier

Den Reis in vier Tassen kochendem
Salzwasser eine halbe Stunde quellen
lassen. Porree in der Butter oder
Margarine andünsten, mit Salz und
Pfeffer würzen und etwa zehn Minuten garen lassen. Die Hälfte des
Reises in eine gefettete Auflaufform
geben und mit vier Eßlöffeln Käse
bestreuen. Porreeringe darübergeben
und mit dem restlichen Reis bedek-
ken. Restlichen Käse mit Semmelbröseln und Eiern verrühren und
über den Auflauf streichen. Bei
200 – 220° C etwa 35 Minuten
backen.

Porree-Bratlinge

*4 eher kleine Porreestangen,
in feine Ringe geschnitten
1 Knoblauchzehe, zerdrückt
2 EL Butter oder Margarine
4 stark gehäufte EL Weizenvollkornmehl
2 Eier
Salz, Pfeffer
1 Tasse gehackte Kräuter
(z. B. Kerbel, Schnittlauch oder
Petersilie)
50 g Parmesan, frisch gerieben
Öl zum Braten*

Porree und Knoblauch in der Butter
oder Margarine dünsten und abkühlen lassen. Mit Mehl und Eiern zu
einem Teig verrühren, mit Salz und
Pfeffer würzen. Kräuter und Parmesan unterrühren. In reichlich Öl aus
jeweils einem Eßlöffel Teig kleine
knusprige Bratlinge ausbacken.

Frischer Pastinaken-Salat

*2 Pastinaken, grob geraspelt
2 Möhren, grob geraspelt
4 Stiele Stangensellerie, in schmale
Streifen geschnitten
½ Bund Radieschen, in dünne
Blättchen geschnitten
2 EL Olivenöl
1 EL Balsamico-Essig
1 Knoblauchzehe, zerdrückt
3 EL Mayonnaise oder saure Sahne
Salz, Pfeffer*

Pastinaken, Möhren, Sellerie und
Radieschen vermengen. Öl, Essig,
Knoblauch und Mayonnaise oder
saure Sahne vermischen, mit Salz
und Pfeffer würzen und unter den
Salat heben.

Parsnip Orange Tart (Pastinaken-Apfelsinen-Kuchen)

150 g Weizenvollkornmehl
1 TL Backpulver
3 Eier
75 g Butter oder Margarine
60 g Vollrohrzucker
4 EL Orangenmarmelade
400 g Pastinaken, in wenig Wasser gegart und püriert
1 Prise Salz
100 ml Schlagsahne
4 EL Apfelsinensaft
1 EL Zitronensaft
2 EL abgeriebene Apfelsinenschale
100 g Frischkäse
6 EL flüssiger Honig
6 EL Mandeln, grob gehackt

Mehl und Backpulver mischen.
Mit einem Ei, Butter oder Margarine
und der Hälfte des Zuckers verkneten. Zwei Drittel des Teigs in einer
gefetteten Springform ausrollen, aus
dem Rest einen Rand formen.
Bei 180 – 200° C 15 Minuten
vorbacken. Marmelade vorsichtig
erwärmen und Tortenboden damit
ausstreichen. Zwei Eier trennen.
Eigelb mit den restlichen Zutaten
(außer Honig und Mandeln) verrühren. Eiweiß sehr steif schlagen und
vorsichtig unterheben. Die Füllung
auf den Tortenboden geben und bei
200 – 220° C 15 Minuten backen.
Honig und Mandeln mischen und
darüber streichen. Weitere 25 Minuten backen, bis die Füllung
fest ist (Gabeltest!).

Eine ausgefallene Spezialität, die ich von
einer Reise nach Florida mitgebracht habe.

Pastinaken-Erdnuß-Suppe

1 Zwiebel, grob gehackt
2 Knoblauchzehen, zerdrückt
1 EL Butter oder Margarine
3 mittelgroße Pastinaken, in Würfel geschnitten
1 l Gemüsebrühe
50 g Erdnußbutter
½ TL Salz
½ TL Muskat, frisch gemahlen
Pfeffer
1 Lorbeerblatt
2 EL gesalzene Erdnüsse
1 Bund Petersilie, fein gehackt

Zwiebel und Knoblauch in der Butter
oder Margarine glasig dünsten.
Pastinaken dazugeben und mit-
dünsten lassen. Brühe zugießen, mit
Erdnußbutter mischen, mit Salz,
Muskat, Pfeffer und Lorbeerblatt
würzen und zugedeckt etwa eine
Dreiviertelstunde köcheln lassen.
Lorbeerblatt entfernen, die Suppe im
Mixer oder mit dem Pürierstab pürie-
ren und mit Erdnüssen und Petersilie
bestreuen.

Die letzten Gartengäste: Rapunzel und Rosenkohl

Die meisten Fußstapfen in unserem schneebedeckten Garten führen eindeutig zu den Rosenkohlpflanzen. Wir haben sie schon Mitte Juni ausgesetzt, mit Holzasche gedüngt und zur Förderung ihrer Standfestigkeit gelegentlich immer wieder einmal leicht angehäufelt. Bereits im Spätsommer sind an ihren Stielen aus kleinen Blättern Seitensprossen entstanden, die wie Miniatur-Kohlköpfe aussehen. Um ihr volles Aroma genießen zu können, mußten wir jedoch bis nach dem ersten stärkeren Frost warten. Jetzt ernten wir sie je nach Bedarf, weil sie ganz frisch am allerbesten schmecken. Vor dem Kochen schneiden wir die Strünke kreuzweise ein, damit sie gleichzeitig mit den zarten Röschen gar werden. Was jedoch die wenigsten wissen: Auch aus rohem Rosenkohl läßt sich ein leckerer, vitaminreicher Wintersalat zubereiten.

Welch unbezähmbares Verlangen Rapunzel auslösen kann, wissen wir spätestens seit dem Grimmschen Märchen. Darin setzt eine junge Frau ihrem Mann so lange zu, bis er in der Abenddämmerung über die Mauer des Nachbargartens klettert und ihr eine Portion von den Rapunzeln holt, die sie dort von ihrem Fenster aus erspäht hat. Rapunzel oder Feldsalat gehört zur Familie der Baldriangewächse und enthält mehr Vitamin C und Eisen als jede andere Salatsorte. An einer geschützten Stelle im August oder September ausgesät, mit etwas Laub oder Fichtenreisig locker abgedeckt, können wir auch bei tiefstem Schnee noch frische Salatpflanzen ernten. Erst mit der einsetzenden Frühjahrssonne beginnt der Rapunzelsalat zu schießen. Wir lassen die letzten übriggebliebenen Pflanzen ausblühen und wissen: Jetzt kann der neue Frühling beginnen!

Rosenkohl-Nudel-Auflauf

500 g Rosenkohl, geputzt
250 g Vollkorn-Röhrchennudeln
200 ml Schlagsahne
1 Tasse Milch
1 Ei
Kräutersalz, Pfeffer
1 TL Kräuter der Provence
60 g Emmentaler, frisch gerieben
60 g Parmesan, frisch gerieben

Rosenkohl und Nudeln getrennt in Salzwasser jeweils bißfest kochen, abtropfen lassen und in einer flachen Auflaufform vermischen. Sahne und Milch mit Ei verquirlen, mit Salz, Pfeffer und Kräutern würzen und über die Rosenkohl-Nudel-Mischung geben. Mit Käse bestreuen und bei 180 – 200° C etwa 25 Minuten backen. Dazu schmeckt z. B. ein Rapunzel-Salat.

Rosenkohlsuppe

500 g Rosenkohl, geputzt
und in Viertel geschnitten
2 TL getrockneter Thymian
1 l Gemüsebrühe
200 ml Milch
2 EL Butter oder Margarine
3 EL Mehl
Salz, Pfeffer
4 EL geröstete Sojabohnen oder
Erdnüsse

Rosenkohl mit dem Thymian in der Gemüsebrühe etwa 20 Minuten leise köcheln lassen. Milch zugeben, Butter oder Margarine und Mehl verkneten, in die Suppe rühren, noch einmal aufkochen und mit Salz und Pfeffer abschmecken. Kurz vor dem Servieren mit den Sojabohnen oder Erdnüssen bestreuen.

Frischer Rosenkohlsalat

*250 g Rosenkohl, geputzt und in
sehr feine Streifen geschnitten
250 g Möhren, fein geraspelt
150 g saure Sahne
Zitronensaft
Honig*

Rosenkohl und Möhren mischen.
Saure Sahne mit Zitronensaft und
Honig süß-sauer abschmecken und
unter den Salat heben.

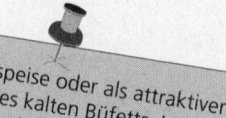

Lecker als Vorspeise oder als attraktiver
Bestandteil eines kalten Büfetts. Im
Kühlschrank zwei bis drei Tage haltbar.

Marinierter Rosenkohl

*400 g Rosenkohl (kleine Röschen),
geputzt
500 g kleine Champignons, geputzt
4 EL Olivenöl
4 EL Zitronensaft
1 EL Balsamico-Essig
1 Tasse Wasser
1 TL Salz
¼ TL Pfeffer
2 ganze Knoblauchzehen
1 Lorbeerblatt
½ TL Oregano
½ TL Basilikum
½ TL Thymian
½ Bund Petersilie, gehackt*

Rosenkohl in Salzwasser bißfest
kochen, anschließend abkühlen
lassen und etwas einschneiden,
damit die Marinade gut eindringen
kann. Mit den Champignons in eine
Schüssel geben. Restliche Zutaten
vermischen, zum Kochen bringen
und über die Rosenkohl-Champi-
gnon-Mischung gießen. Wenn die
Marinade abgekühlt ist, im Kühlschrank noch mindestens zwei Stunden durchziehen lassen. Eine halbe
Stunde vor dem Servieren aus dem
Kühlschrank holen.

Rapunzel mit Sanddorn

200 g Rapunzel,
gründlich gewaschen
1 Apfel, entkernt und
in kleine Stücke geschnitten
200 g Joghurt
2 EL Sanddornmus
Saft einer halben Apfelsine
Pfeffer

Rapunzel mit Apfel vermischen.
Joghurt, Sanddornmus und Apfelsinensaft verrühren, mit Pfeffer würzen und unter den Salat heben.

Rapunzel mit Champignons

200 g Rapunzel,
gründlich gewaschen
100 g Champignons,
in dünne Scheiben geschnitten
2 Knoblauchzehen, fein gehackt
2 EL Olivenöl
1 EL Balsamico-Essig
Kräutersalz, Pfeffer

Rapunzel mit Champignons vermischen. Knoblauch mit Öl und
Essig verrühren und unter den Salat
heben. Mit Kräutersalz und Pfeffer
würzen.

Die Autorin

Irmela Erckenbrecht, Jahrgang 1958, lebt in einem alten Fachwerkhaus bei Göttingen. Dort befindet sich auch der Garten, den sie mit viel Liebe, aber ohne Gift und Chemie beackert und den Thomas Müller für das Titelbild dieses Buches festgehalten hat. Wenn sie nicht gerade gärtnert oder kocht, übersetzt Irmela Erckenbrecht Sach- und Kinderbücher, vor allem aber literarische Werke aus England, Irland und Nordamerika. 1995 erhielt sie hierfür den niedersächsischen Kunstförderpreis.

Der Illustrator

Thomas Müller, 1955 geboren, lebt als freiberuflicher Maler und Illustrator in Göttingen. Er hat bereits zahlreiche Kinder- und Sachbücher illustriert und auch ein eigenes Kinderbuch geschrieben. Beobachtungen aus der Natur und der Wechsel der Jahreszeiten sind Themen, die in seinen Bildern immer wiederkehren.

Rezepte von A – Z

Rezepte nach Sachgruppen

Andere Bücher aus dem pala-verlag

Herbert Walker:
**Vollwertig kochen mit Pfiff –
ohne tierisches Eiweiß**
ISBN: 3-923176-74-0

Herbert Walker:
**Vollwertig backen mit Pfiff –
ohne tierisches Eiweiß**
ISBN: 3-923176-79-1

Herbert Walker:
Vollwertige Süßspeisen mit Pfiff
ISBN: 3-89566-101-5

Nick Nossem:
**Vollwert-Eis selbstgemacht –
ohne tierisches Eiweiß**
ISBN: 3-89566-100-7

Köstliches aus der Körnerküche

Petra Schwenk:
Kochen und Backen mit Buchweizen
ISBN: 3-923176-64-3

Ute Rabe:
Dinkel und Grünkern
ISBN: 3-923176-72-4

Wolfgang Hertling:
Kochen mit Hirse
ISBN: 3-923176-50-3

Ute Rabe:
Kochen und Backen mit Hafer
ISBN: 3-923176-81-3

Vollwertig, vegetarisch, gesund